奇門遁甲

實學實用全冊

雲易揚●著

圓方出版社

「鑽研易學，修習奇門，繼而進入儼如萬花筒般的大六壬，

方知造物者的大設計如此精妙絕倫，至善至美盡在其中。」

雲易揚

雲易揚 *Yún Yì Yáng*

從事設計工作二十多年，從平面、立體、空間及攝影世界中認識陰陽易學，遇到恩師浩瀚道長，踏入道門始知天命，得到奇門遁甲及大六壬的傳承，運用古文明智慧輔助建築及室內設計業製造出最佳格局。2023年創立奇門在此，承先啟後，廣結善緣。

- 師承正一教南崑山浩瀚道長
- 寧瑪噶陀教主蔣揚法王

- 2009年十大華人易學名師名家
  (*北京建工建築設計院建築文化研究所頒發*)
- 奇門在此（香港）創辦人
- 現任浩瀚天龍蓮會（香港）副會長
  兼任道家功法、奇門遁甲、大六壬、風水等術數導師
- 中國龍虎山嗣漢天師府高功法師
- 中國龍虎山嗣漢天師府祝由道醫
- 中國龍虎山道教學院客席講師

出版著作：

- 2025.03　奇門遁甲實學實用全冊

書刊編委

-	*2021.06*	*奇門遁甲*	*雲昭*
-	*2021.09*	*大六壬金口訣*	*雲昭*
-	*2021.09*	*紫微斗數*	*雲昭*
-	*2021.12*	*奇門遁甲*	*羅星*
-	*2022.04*	*奇門遁甲*	*雲彤*
-	*2023.09*	*九宮飛星*	*雲昭*
-	*2024.03*	*九宮飛星*	*羅星*
-	*2024.11*	*奇門在始*	*雲素蕎*
-	*2024.12*	*九宮飛星*	*雲嬸*

雲易揚應道教祖庭之邀請，擔任龍虎山道教學院客席講師，
傳授奇門遁甲風水學。

雲易揚（前排右五）與道師雲素薺（前排右七）、
龍虎山易學研究會副秘書長羅星（前排右六）及眾學員於學院門前合照留影。

奇門遁甲

目錄

格局

奇門遁甲實例斷法詳解

奇門遁甲
奇門在此
QIMEN BEING
Here There & Everywhere

前言

幾千年來，帝王將相對奇門遁甲都抱着濃厚而廣泛的興趣，悉心苦讀鑽研，祈求找到興國安邦之策和克敵制勝之法。奇門遁甲不僅是科學、哲學，更是中華民族古代先賢的智慧結晶。通過對宇宙陰陽五行變化的觀察，以全方位、多維空間來分析自然界中萬事萬物的發展規律。由於許多奇門愛好者因沒傳承而不得其法，始終徘徊門外，難登大雅之堂。奇門遁甲首重其門，八門指人物，九星看旺衰，八神代表神助，即是大環境是否對你有利，宮位擊刑、門迫、空亡、入墓定凶吉。簡單說，先看八門，次看八神，再看四凶，最後參考九星。真傳一句話，只要按照這個次序來學習，肯定令困擾你多年的問題迎刃而解。同時，你的奇門水平會有一個質的飛躍。

奇門實用資料一覽

基礎

1// 奇門五行生剋相應圖

金
九星 天柱星 天心星
地支 申 酉
天干 庚 辛
八門 開門 驚門

水
八門 休門
天干 壬 癸
地支 亥 子
九星 天蓬星

木
九星 天輔星 天沖星
地支 寅 卯
天干 甲 乙
八門 杜門 傷門

火
九星 天英星
地支 巳 午
天干 丙 丁
八門 景門

土
八門 生門 死門
天干 戊 己
地支 辰 戌 丑 未
九星 天芮星 天禽星 天任星

生 生 生 生 生
剋 剋 剋 剋 剋

基礎

2// 奇門宮位五行/應期圖

			2037 2025 • 四月	2038 2026 • 五月	2039 2027 • 六月			
			9-11時	11-13時	13-15時			
			巳	午	未			
2036 2024 • 三月	7-9時	辰	巽四宮 木	離九宮 火	坤二宮 土	申	15-17時	2040 2028 • 七月
2035 2023 • 二月	5-7時	卯	震三宮 木	中宮 五黃	兌七宮 金	酉	17-19時	2041 2029 • 八月
2034 2022 • 一月	3-5時	寅	艮八宮 土	坎一宮 水	乾六宮 金	戌	19-21時	2042 2030 • 九月
			丑	子	亥			
			1-3時	23-1時	21-23時			
			2033 2021 • 十二月	2032 2020 • 十一月	2043 2031 • 十月			

＊ 月份為農曆曆法。

象意

3// 十天干象意

甲首 陽木

事業 | 學業

出類拔萃 領導才能 首位 高級 組長 冠軍 團隊負責人
最高決策人 尖子 棟樑之材 董事長 上司 校長 老師

感情 | 人緣

靠山 懂保護人 有責任心 主導性強 受人景仰 指揮 領頭
自負 自我中心 不聽意見

健康 | 自身

體魄強健 有朝氣 外強中乾 精神抖擻 頭腦清晰 向上

特徵

開始 第一 名貴 保衛 裝假 具影響力 有代表性

大自然

東方 春天 早晨 晴天 春風 風 綠色 青色

動物

熊貓　獅子　老虎　鯨魚　娃娃魚　受國家保護動物　鱟　龜
穿山甲　甲蟲　蝦　蟹　蜆　螺　貝類

植物

大樹　高樹　金絲楠木　崖柏　稀有植物　名貴植物　國花　區花
玫瑰　蓮花　梅　蘭　菊　竹

食物

酸味食品　高級食材　罐頭　包裝食品　核桃　腰果　花生　松子
堅果類　豆類　甲殼類　椰子　檳榔

靜物

國徽　印章　金銀珠寶　首飾　古董　文物　鋼琴　甲骨文　文件夾
防彈裝備　外套　拳套　保温瓶　保暖衣　口罩　帽子　頭盔　包裝

景物

高樓大廈　電視塔　煙囪　高柱　紀念柱　頒獎台　高亢之地　金礦
油礦　樹林　首都　首府　首善之地　皇宮　豪宅　甲級商廈

人物

皇帝　總統　主席　首領　元帥　武士　名人　長輩　樂團指揮
冠軍人物　種子運動員　隊長

人物外表

身形修長　高直　高瘦　國字臉　皮膚青白　粗眉　雙目有神
體格強健

人物性格

威嚴　獨斷　頑固　虛偽　敦厚正直　心高氣傲　處變不驚
有條不紊

人體

頭　頭髮　皮膚　臉　眼　指甲　趾甲　大拇指　腳趾公　肝　膽　筋

神物

佛祖　道祖　菩薩　達摩祖師　呂山法祖　女媧　伏羲　炎帝　龍

乙奇　陰木

事業 ｜ 學業

輔助性質　樂於助人　文化　藝術性　欠衝勁　曲折的希望　秘書　副手　助理　文科　家政　美術

感情 ｜ 人緣

温柔體貼　呵護備至　照顧別人　保護性強　依附　依賴　默默付出　容忍性高　無理取鬧　沒有主見

健康 ｜ 自身

自然美　養生　保健　簡約生活　注重健康　身體柔軟　有線條　柔弱

特徵

柔軟　陰柔　彎曲　轉彎　轉折　糾纏　依附　有氣無力

大自然

東方　春天　早晨　晴天　風　月亮　彩虹　綠色

動物

毛蟲　蚯蚓　蟮　海參　蛇　轉彎的條狀動物　孔雀　天鵝　山雞
漂亮有藝術成分的鳥類　蝴蝶　飛蛾　兔子

植物

花　草　矮小樹木　矮小果樹　柳樹　豆苗　瓜苗　菜苗　菩提苗
爬牆虎　牽牛花　龍爪槐　藤蔓植物　冬蟲夏草　中藥

食物

魚類食品　蔬菜類食品　麵條　粉條　粿條　粉絲　藥膳　素菜
食用花　果雕　伴菜　葫蘆瓜　香腸　臘腸　鵝肝　乳鴿

靜物

藝術品　布藝品　木雕　圖畫　設計師椅　雕樑畫柱　桌　椅　床
喉管　水龍頭　飲管　葫蘆　絲綢　絲帶　蝴蝶結　裝飾品　香水

景物

公園　草地　樹林　通道　樓梯　小木橋　畫廊　藝術館　圖書館
園藝社　中醫館　中藥行　温室　水耕農場　果園　美容院　幼兒園

人物

女人　元配　妻子　小孩　中醫　醫生　護士　幼兒園教師　藝術家
花藝師　園藝師　畫家　設計師　室內設計師　美容師　藝人　作家
傭人　替工

人物外表

身形修長　身材苗條　瘦小　弱小　有氣無力　皮膚青白　微駝身
長臉　彎眼　兔牙

人物性格

温柔體貼　仁慈　包容　敏感　猶豫　依賴　自私自利　小器　膽小
逆來順受

人體

頭髮　眉毛　肝　膽　手　肩　頸　足　腸　血管　神經　淋巴　陰道
陰莖　輸精管　輸卵管

神物

水月觀音　騎龍觀音　峨眉祖師　嫦娥　華陀　龍　鳳凰　仙鶴

丙奇 陽火

事業 ｜ 學業

位高權重　積極　好勝心強　好鬥　掌權　政治才能　性急散亂
沒條理　沒恆心　出亂子

感情 ｜ 人緣

熱情　霸道　愛管事　管束別人　佔有慾強　衝動　第三者　空虛

健康 ｜ 自身

強壯　壯健　氣血盛　有朝氣　潤澤　脾氣暴躁　熱氣　上火　發炎
腫痛　爆血管

特徵

亂子　爭鬥　權力　雄威　剛猛　亂後的希望　光明　火熱　圓形
片狀　球狀　中空　不長久　文書

大自然

南方　夏季　晴天　中午　太陽　炎熱　強火　光　紅色

食物

蘋果　橙　火龍果　山竹　番茄　紅色生果　蛋黃　湯圓　炸甜圈
煎堆　薯片　炸蝦片　餅乾　水泡餅　薄餅　大肉包　月餅

靜物

煤　炭　火爐　大炮　炸彈　火箭　大光燈　紅燈籠　變壓器　喇叭
鼓　鑊　圓桌　眼鏡　望遠鏡　電視　籃球　呼啦圈　水泡　輪呔

景物

廚房　電站　電廠　煉鋼廠　化工廠　光猛之地　向陽之地
不長草高地　高嶺　陽台　球場　戰場　賽場　電競館　鬥獸場

動物

馬　驢子　公牛　野豬　公雞　衝動型的動物　豬　河馬　河豚
海牛　海象　體形圓潤的動物　蟋蟀　鬥魚　朱鷺　紅蟹　血鸚鵡

植物

一品紅　大紅花　映山紅　火球花　木棉花　芙蓉葵　紅掌　大花葱
西瓜　南瓜　白瓜　紅瓜　帶柄生果或瓜類

人物

政治家　官員　將軍　公安　警衛　執法者　脾氣暴直之人
代工　男子漢　男性第三者　煉鋼工人　電廠工人

人物外表

短髮　髮質粗硬　染紅髮　小鬍鬚　圓臉　面色紅潤　白裏透紅
艷麗　體形豐滿

人物性格

勇猛強悍　有正義感　性情暴躁　急性子　霸道　愛欺負人
缺乏耐力　虛榮

人體

眼睛　唇　心臟　血液　血小板　小腸　臀部

神物

炎帝　祝融　關公　紅孩兒　火鳳凰　火麒麟

丁奇 陰火

事業 | 學業

文書　文件　合約　快速　頂尖　突出　有希望　重點　善於表達
口才好　執着　直截了當　做事爽快　主觀性強　觀察力強

感情 | 人緣

細心　小鳥依人　體貼　眼前一亮　小心眼　焦點人物　火辣
第三者　閃閃發光

健康 | 自身

精神　氣血　心臟功能　視力　血壓　骨刺　紅疹　青春痘

特徵

直接　希望　鋒利　缺口　閃光　閃亮　快速　帶刺　頂尖　突出
尖銳　小粒狀

大自然

南方　夏天　早晨　晴天　星星　星光　磷光　紅色

動物

黃蜂　蜜蜂　蜂鳥　啄木鳥　蚊　蒼蠅　牛虻　跳蚤　蠍子　蝦　刺蝟
箭蛙　蛇　螢火蟲　螢光魚　安康魚　夜光藻　烏賊　水母

植物

松樹　棗樹　柚子樹　仙人掌　蘆薈　月季　玫瑰　夜光樹　燈籠樹
榛　板栗　小麥　小米　小豆

食物

紅毛丹　榴槤　大樹菠蘿　蓮子　川貝　紅棗　杞子　紅豆　綠豆
鷹嘴豆　士多啤梨　葡萄　紅石榴　紅椒　香煙　雞丁　肉丁　紅酒

靜物

車票　單據　圖書　證件　證書　合約　槍　子彈　針　注射器　小刀
剪刀　釘　蠟燭　燈火　打火機　電筒　電話　電子產品　酒杯　珠子

景物

屋頂　屋簷　屋角　廚房　塔　尖塔　避雷針　斜路　十字路口
路口　牆角　公證處　登記處　售票處　燈飾店　香燭店　捐血站

人物

少女　後代　子女　情人　玉女　第三者　歌星　燈光師　妓女
售票員　驗票員　牙醫　抽血員　漂亮之人

人物外表

額寬　瓜子臉　髮質細長　皮膚粉白　秀麗清高　櫻桃小嘴
目光銳利　愛露齒

人物性格

主觀　柔弱　小鳥依人　和順而有心計　體貼　細心　牙尖嘴利
說話咄咄逼人　守株待兔　觀察力強

人體

心臟　眼　嘴　乳頭　牙齒　細骨　陰莖　血液　血管

神物

燃燈佛　何仙姑　電母　龍女　灶君　朱雀

戊儀 陽土

事業 | 學業

房地產　會計部　金融　經濟　財務　正規　規矩　框架　系統化
公式化　方程式

感情 | 人緣

正直　待人寬厚　可信賴　大方　不花心　不花巧　不浪漫
一心一意　守信　踏實　忠誠　慢熱

健康 | 自身

平和　冷靜　有規律　厚肉　體形肥胖　欠缺運動　糖尿　腫瘤

特徵

土地　高物　包容　中正　厚德載物　速度慢　錢財　資本　風水
地理

大自然

五黃中土　西南　四季　陰天　雲　厚雲　雲彩　霧　黃色

動物

大象　河馬　熊貓　豬　牛　企鵝　田鼠　土撥鼠　田雞　牛蛙　駱駝
土狼　山狗　沙鼠　角羊　鴕鳥　樹獺　樹熊

植物

多肉植物　大葉植物　番薯　木薯　紅薯　馬鈴薯　芋頭　山藥　芭蕉
紅蘿蔔　青蘿蔔　白蘿蔔　西瓜　南瓜　青瓜　矮瓜　木瓜　冬瓜

食物

肉乾　肉丸　肉扒　肉腸　肉包　方包　大包　蔗糖　冰糖　沙糖
各式糖果　甜品　蛋糕　包點　糕點　慕絲　布丁　忌廉　巧克力

靜物

實際不花巧的土製品　陶製品　碗　碟　杯　盆　缸　水泥磚　牆紙
地毡　瓦片　貨幣　水晶　錢包　手提包　書包　旅行箱　貯物箱

景物

牆壁　橫樑　大廳　起居室　未裝修的建築物　中介所　中央地帶
房屋　田基　水泥廠　地皮　高山　墳地　四合院　銀行　房管局

人物

銀行從業員　採礦從業員　金融顧問　地產經紀　媒人　中介人
傳銷商　老人　農民　會計　地產商　農副產品經營者

人物外表

體形肥胖　厚肉　形態敦厚　走路緩慢　皮膚黃白　方形臉
土頭土腦　衣著正規

人物性格

忠誠　包容　守時　不變通　愚笨　憨直　向錢看　反應遲緩
不愛運動　心情沉重

人體

鼻　唇　臉　肌肉　皮膚　胸部　臀部　腹部　大腿　大腦　胃　脾
前列腺

神物

彌勒佛　地藏王　茅山祖師　財神　土地公　龍　三腳蟾蜍

己儀 陰土

事業 | 學業

策劃 廣告 創意 歷史 組織能力 記憶力 心思細密 靈活性 耍手段 會變通 迂迴側進 只想不做

感情 | 人緣

謙虛 多主意 有心思 懂搞氣氛 慾望 邪念 自私 重情慾 優柔寡斷

健康 | 自身

瘦弱 身形單薄 打坐 氣功 聲音渾濁 憂愁 肉瘤 腫瘤

特徵

屈曲 卷曲 盤旋 曲折 收藏 不見光 老舊 層層阻隔

大自然

西南方 中央 四季 陰天 陰濕 烏雲 黃色 淺黃色

動物

兔 貓 龜 鼠 休眠中的動物 蝸牛 章魚 蟒蛇 狖狳 穿山甲
食蟻獸 刺猬 象 捲尾猴 象鼻蟲 海馬 鸚鵡螺 田螺 海螺

植物

白千層 紅千層 洋葱 白菜 生菜 椰菜 捲心菜 豆芽 百合
菊花 蟹爪菊 蟹爪水仙 睡蓮 蕨菜 捲葉吊蘭 彈簧草 含羞草

食物

蛋卷 春卷 日式卷物 肉卷 花卷 銀絲卷 千層糕 千層麵
千層酥 奶酥 酥餅 螺絲粉 豆結 龍鬚糖 零食 雜食

靜物

風車 風扇 摩打 電線 麵團 繩球 暖氣管 百頁簾 旋轉滑梯
地球儀 睡袋 髮捲 零食 穢物 垃圾 糞便 馬桶 膠紙 矽膠

景物

廁所 公廁 垃圾房 濕貨市場 濕地公園 二手市場 歷史博物館
下水道 地溝 低窪地 地下街 色情場所 迴旋處 多層停車場

人物

拜佛之人　瑜伽師　陶瓷工藝師　紡織工人　廣告人　公關　妓女
市場策劃員　項目策劃師　農民　服務員　清潔工　傭人　貓奴

人物外表

嘴臉內凹　身形單薄　身體彎曲　圓臉　嘴唇偏薄　兜下巴
聲音渾濁　瘦弱醜陋　憂愁之相

人物性格

謙虛　温順　聰明　喜沉思　吝嗇　寡言少動　心思細密　靈活多變
花花腸子　阿諛奉承

人體

神經　小腦　嘴　耳珠　肚臍　乳頭　肛門　腸　脾　胃　骸骨　皺紋
肉粒

神物

女媧　伏羲　九天玄女　壽星公　孫悟空　諸葛武侯　蟠龍

庚儀 陽金

事業 | 學業

競爭對手　堅毅　實力　超一流技術　體育運動　武術　訓導老師
保安　執行力　意志堅定　高壓手段　態度強硬　難溝通

感情 | 人緣

冷漠型　爽直　豪邁　野蠻　不認輸　不講理　難相處　獨來獨往
剛愎自用　漠不關心　易起衝突

健康 | 自身

健壯　強而有力　身形硬朗　有力量　關節過硬　劇痛　癌症

特徵

堅硬　剛強　技術過硬　無法攻破　阻礙　大阻隔　不通順　打鬥
戰爭

大自然

西方　秋天　傍晚　肅殺　雷電　颱風　龍捲風　地震　海嘯　白色

動物

熊　鱷魚　鯊魚　獅子　老虎　巨蟒　毒蛇　狼　獵犬　山貓　野豬
藏獒　龜　穿山甲　甲蟲　蠍子　石頭魚　鮑魚　牡蠣　鱟　蟹　蜆

植物

百年古樹　巨杉　雪松　根幹粗大的樹木　桉樹　鐵樹　豬籠草
夾竹桃　白蛇根草　毒芹　顛茄　見血封喉　核桃　椰樹　榴槤

食物

雞蛋　鴨蛋　鴕鳥蛋　堅果　硬殼水果　鰹魚乾　法包　甘蔗　豬骨
牛骨　大閘蟹　皇帝蟹　螳螂蝦　龍蝦　地獄拉麵　烈酒

靜物

重金屬　生鐵　金屬製品　刀槍器械　石頭　石磨　石獅子　石製品
碾子　門窗　車輛　飛機　貨櫃　坦克車　航空母艦　水晶　毒品

景物

鋼鐵廠　礦山　關卡　路障　收費站　鐵絲網　鐵欄　鐵閘　城牆
石牆　石墩　道路　鐵路　拳館　武館　公安所　警衛室　動物園

人物

丈夫　軍人　警察　警衛　強盜　強人　義士　敵人　運輸工人
鐵道員　鋼鐵工人　龍虎武師　拳師　健身教練　本領高強之人

人物外表

身形修長　骨骼雄壯　外型威武　孔武有力　瘦長臉　皮膚白淨

人物性格

思覺敏鋭　有魄力　有氣概　意志堅定　性格硬朗　手段兇殘
嚴重野蠻　不易接受他人意見

人體

頭骨　骨頭　肩背　腰椎　肺　大腸　呼吸系統　皮毛

神物

太白金星　孫悟空　雷公　尉遲公　秦瓊　張飛　白虎

辛儀 陰金

事業 | 學業

創新　變化　進行改革　新部門　新學年　改制　調組　反叛　犯錯
問卷　試題

感情 | 人緣

花樣多　虛榮心　易變心　背叛　不守規　説話很絕　自我中心

健康 | 自身

自我監控　飲食管束　倚賴藥物　情緒化　塑身　整容　轉療
更年期　骨刺　肉粒

特徵

錯誤　問題　變革　創新　轉換　轉折　關鍵　叛逆　犯罪
不平整　花樣多　粒狀物

大自然

西方　秋天　傍晚　露珠　雷電　雷聲　白色

動物

小老虎　蚤子　蚊　螞蟻　小蜘蛛　小蟑螂　變色龍　螢光魚　波斯貓
吉娃娃　臘腸狗　鬥牛犬　迷你豬　基因變異的動物

植物

穀　米　小麥　粟米　花生　小米　豆　米蘭　滿天星　茉莉
龍珠果　山棯　龍眼　葡萄　藍莓　染色鮮花　五彩蠟梅　永生花

食物

芝麻　脆米　花生　朱古力豆　藥丸　玫瑰味葡萄　無籽西瓜
去毛奇異果　基因改造食品　精製肉　味精　牛肉精　豬肉精

靜物

小金屬　小石　金錢　寶石　貴重物品　佛珠　工藝品　樹脂工藝品
小刀　凶器　鑰匙　螺絲　獎牌　保險櫃　水泥　鋁材　工程塑料

景物

銀行　五金廠　五金店　首飾廠　金屬工藝品廠　化工廠　道路
監獄　看守所　懲戒所　再培訓中心　交通樞紐　調度室　控制室

人物

革命者　改革者　不守規則者　經常犯錯的人　罪人　罪犯　兇手

管理員　監管人　鐵路調道員　航空調道員　調酒師　化學家

人物外表

長臉凹腮　身形修長　皮膚白嫩　吹火嘴　牙齒外露　形象百變

人物性格

性格反叛　富創造力　易變　意志薄弱　虛榮心重　自我中心

温潤秀氣　説話很絕　富創造力　意志薄弱　自以為是

人體

牙　小骨　頸椎　腰　肺　呼吸系統　睾丸　皮毛　屍體　骸骨

神物

彌勒佛　孫悟空　哪吒　閻羅王　二郎神　鍾馗　門神　白龍馬

壬儀 陽水

事業 | 學業

技術 數學 聰明 智慧 培育 思考型 適應力 迷茫 糊塗
沒有規則 目標不明

感情 | 人緣

喜熱鬧 懂浪漫 勇敢愛 柔順 熱情 任性 善變 風流
內心陰險 詭計多端 隨遇而安

健康 | 自身

好動 神經質 敏感 水分充盈 水上活動 情緒問題 水腫

特徵

移動 變動 流動 大動 運輸 遮蓋 蘊藏 繁殖 勇猛 熱烈
熱鬧 凶險

大自然

北方 冬季 晚上 雨天 下雪 結冰 寒冷 黑色 深藍色

動物

魚　珊瑚　龍蝦　螃蟹　海龜　螺貝　海星　海馬　海龍　海參　海膽
海綿　海蛇　水母　北極熊　海獺　海豹　海豚　鯨魚　鯨鯊

植物

蓮花　水仙　海棠　水燭　浮萍　水葫蘆　水竹　冰菜　慈姑　馬蹄
水葱　水芹　菖蒲　苦草　菱角　海帶　海藻　蘆葦　馬鞍藤

食物

紫菜　水雲　魚蛋　章魚丸　花枝丸　魷魚絲　魚翅　花膠　海鮮
河鮮　海味　海蜇　生蠔　刺身　雪條　雪糕　刨冰　冷凍食品

靜物

淨水　自來水　冰　雪櫃　蒸餾水　水管　燈罩　窗簾　蚊帳　被子
杯蓋　消防喉　魚缸　釣魚工具　遊輪　船　車　火車　計數機

景物

大海　江　河　湖　溪　瀑布　激流　運河　道路　澡堂　噴水池
魚池　泳池　水上樂園　海洋樂園　車站　機場　碼頭　娛樂場所

人物

海員　船長　潛水員　浮潛者　海女　漁民　養殖工作者　孕婦
泳客　冬泳手　運輸工人　導遊　旅行者　司機　數學家　智者

人物外表

大眼睛　雙眼皮　皮膚稍黑　長髮秀眉　走路搖擺　八字腳
搖搖擺擺

人物性格

適應力強　隨遇而安　聰慧　豪邁奔放　有勇氣　威嚴　柔順　任性
陰險　風流善變

人體

眼睛　頭髮　腦　心臟　腎　膀胱　血管　血液　大動脈　動脈　神經
腳　瘿　痣　胎痣

神物

六壬仙師　真武大帝　夏禹　姜太公　何仙姑　玄武　龍

癸儀　陰水

事業 | 學業

網絡　人脈　速度慢　較負面　易放棄　半途而廢　困境　難題

感情 | 人緣

低調　慢熱　被動　痛苦　淫蕩　不突出　處下風　受制約
糾纏不清

健康 | 自身

慢活　散步　欠動力　神經過敏　行動不便　縱慾過度　嗜酒　糖尿

特徵

慢動　困難　被困　管束　制約　痛苦　遲　有雜質　變化　下方　性

大自然

北方　冬天　晚上　下雨　細雨　陰濕　寒冷　黑色

動物

青蛙　彈塗魚　蝌蚪　蚯蚓　水蛭　龍蚤　椰子蟹　河蝦　泥鰍
泥艋　田螺　蜆　烏賊　八爪魚　比目魚　魚類　鵝　鴨　鷺　翠鳥

植物

水稻　西洋菜　通菜　生菜　菠菜　茼蒿　蓮藕　睡蓮　水仙　苦草
滿江紅　菱　蘋　芡實　水龍　燈心草　水耕菜　富貴竹　紅樹

食物

油　醬　醋　鹽　糖　味噌　湯水　粥品　糖水　汽水　牛奶　果汁
豆漿　酒　乳酪　芝士　腐乳　鹹魚　泡菜　納豆　豬紅　雞紅

靜物

液體　飲品　污水　油漆　汽油　魚網　魚竿　鞋　鞋墊　雨傘　雨衣
紙尿片　衛生巾　色情影片　性愛用品　塗鴉　顏料　低音提琴

景物

紅樹林　荷花池　地下水　地坑　池塘　廁所　公廁　糞池　沼澤
爛草地　泥濘　濕地　地井　水稻田　魚市場　濕貨市場　色情場所

人物

茶農　菜農　釀酒師　調酒師　酒鬼　油漆工人　清潔工人　漁民
蠔民　淫蕩之人　性工作者　窮困之人　行動不便之人　囚犯

人物外表

身形矮小　醜陋　皮膚黑　大眼　圓臉瘦肩　聲調不高　蓬頭垢面

人物性格

神經過敏　陰柔怕事　不能自主　多愁善感　糊塗　愛哭　愛埋怨

人體

血液　尿液　精液　眼睛　眼淚　唾液　腎　女性生殖器　足　黑斑
黑痣

神物

天后娘娘　媽祖　達摩祖師　姜太公　包青天　鍾馗　尉遲公　龍龜

象意

4 // 八門象意

休門 陽水

事業｜學業

貴人 休閒 休息 退休 放假 沉思 適應力強 怠慢 不慌不忙 得過且過

感情｜人緣

婚姻 桃花旺 浪漫 温柔 分離 退出 完結 隨遇而安

健康｜自身

慢活 休養生息 調理 散步 不喜歡動 太極 瑜伽 月經

特徵

流動 婚姻 桃花 旅遊 整理 調養 休止 停止 結束 凍結

大自然

北方 冬季 晚上 雨天 下雪 結冰 寒冷 黑色 深藍色

動物

魚　蝦　蟹　水中生物　珊瑚　海綿　螺貝　海星　海馬　海龍　海參
海膽　水母　海龜　鯨魚　水魚　蝸牛　毛蟲　動作較慢的動物

植物

海帶　海藻　蘆葦　紅樹林　蓮花　水仙　浮萍　水葫蘆　水竹
冰菜　水草　水葱　水芹　菖蒲　椰樹　西瓜　蜜瓜　水蜜桃

食物

紫菜　寒天　雪條　雪糕　刨冰　粉皮　河粉　海蜇　魚生　生蠔
海鮮　河鮮　冷凍食品　啤酒　汽水　酒　飲品　油　鹽　調味料

靜物

洗衣機　雪櫃　冷氣機　風筒　風扇　睡衣　窗簾　床　被子　布匹
衣服　車　船　旅遊車　遊輪　自行車　運輸工具　鐘錶　按摩椅

景物

臥室　休息室　教員室　淋浴間　茶水室　酒吧　酒廊　療養院
公園　廣場　街道　馬路　噴水池　魚池　水上樂園　車站　娛樂場所

人物

退休人士　貴人　孕婦　中男　海員　漁民　修理工人　潛水員
營養師　泳客　懶人　運輸業人員　導遊　司機　無業遊民　死人

人物外表

喜歡閉上眼睛　喜歡化妝　長髮　皮膚黑　美麗　高貴　動作較慢
衣著寬鬆

人物性格

隨心隨性　喜歡旅行　性情温順　沒有鬥志　懶散倦怠　風流

人體

眼睛　頭髮　大腦　腳　腎　膀胱　血液　生殖系統　泌尿系統

神物

玉皇大帝　睡佛　卧佛　周公旦　姜太公　壽星公　三足蟾蜍

生門　陽土

事業 ｜ 學業

生意　房地產　會計　金融　經濟　地理　經濟頭腦　管財能力

感情 ｜ 人緣

積極　進取　領導　向錢看　活潑　忠厚　老實　規劃生育
繁衍後代　無事生非

健康 ｜ 自身

健康　有活力　有生氣　有生活態度　生育能力　生殖系統問題
肌瘤　腫瘤

特徵

生長　錢財　土地　生產　哺育　生存　利潤　效益　學習　希望
復蘇　資本

大自然

東北方　四季　陰天　厚雲　雲彩　雲霧　黃色

動物

一切有生命的動物 豬 牛 羊 雞 鴨 鵝 禽畜 魚 蝦 蟹 螺 貝 魚類動物 貴婦犬 波斯貓 錦鯉 寵物店售賣的動物

植物

一切天然生長的植物 人工種植的各種食料植物及果實 供銷售的園藝植物 藥用植物 纖維植物 綠化護土植物

食物

水 柴 米 油 鹽 粥 粉 麵 飯 蛋類 奶類 肉類 生果 蔬菜 麵包 營養食品 保健食品 魚生 刺身 沙律菜

靜物

糧食 經濟作物 建材 農具 醫藥用品 煮食用品 辦公室用品 育嬰用品 救生用品 急救用品 金錢 貨幣 貨物 生財工具

景物

農場 漁場 田基 商場 商店 工廠 銷售部 交易市場 幼兒園 產房 醫院 公園 山林 高地 地皮 房屋 銀行 繁華地區

人物

後代　孕婦　生產者　生意人　領導人　勞動者　農民　會計
銀行從業員　金融從業員　顧問　地產經紀　地產商

人物外表

鼻直口方　厚唇　形態敦厚　生龍活虎　皮膚黃白　方形臉
高大　衣著樸實　態度誠懇

人物性格

忠厚老實　守時　穩重　好動　活潑　反應快　想法多　變通

人體

生殖器官　前列腺　胸部　臀部　腹部　肌肉　皮膚　大腿　大腦
脾　胃

神物

普賢菩薩　送子觀音　壽星公　財神　善財童子　咬錢蟾蜍

傷門　陽木

事業｜學業

競爭　角力　能力　控制力　執行力　體育運動　比賽

感情｜人緣

爽直　傷害別人　不顧後果　多管閒事　性情直爽　粗心大意
豪邁　野蠻　不認輸　難相處　獨來獨往　易起衝突

健康｜自身

運動型　剛強　體格健壯　有力量　關節過硬　容易受傷

特徵

有殺傷力　妨礙　損害　受傷　傷痛　捕捉　索債　破壞　消耗
漁獵　賭博　變動　流動　不完整　缺陷

大自然

東方　春天　早晨　風　雷電　綠色　青色

動物

獅子 老虎 熊 獵豹 山貓 獵犬 毒蛇 蠍子 箭豬 黃蜂 蝗蟲 貓 狗 蚊 跳蚤 鯊魚 鱷魚 白鮓 食人鯧 河豚

植物

荊棘 玫瑰 仙人掌 巴豆 茅草 蠍子草 蘆薈 榴槤 柚子樹 夾竹桃 豬籠草 白蛇根草 毒芹 顛茄 毒菇 姑婆芋 野山芋

食物

油炸食品 加工肉類 碳酸飲料 膨化食品 燒烤食品 醃製食品 霉變食物 勁辣勁酸類 高糖高脂類 冰冷食物 烈酒

靜物

刀 劍 槍 炮 子彈 炸藥 毒藥 毒氣 小刀 凶器 武器 電棍 彈叉 防狼器 捕獸器 車 貨車 坦克車 賽車 賭博工具 彩票

景物

檢察院 法院 賭場 馬場 鬥獸場 屠宰場 魚市場 賽車場 足球場 擂台 武館 化工廠 兵工廠 公安局 道路 懸崖 陷阱

人物

獵人　漁民　軍人　醫生　賭徒　跌打醫師　武師　拳師　運動員
保安　公安　司機　賽車手　傷心人　傷者　格鬥者　兇手　屠夫

人物外表

長方臉　表情嚴肅　身形健壯　硬朗　身形修長　皮膚青白
手長腳長

人物性格

不接受意見　粗野　暴躁　心急　雷厲風行　喜歡比較　不講理
獨斷專行

人體

眼　手　腳　肝　腰　筋骨　關節　傷疤

神物

真武大帝　姜太公　哪吒　二郎神　沙僧　包公　貔貅

杜門 陰木

事業 | 學業

文書 間隔屏風 瓶頸 文檔 文學 專欄 技巧 文化藝術 禮儀

感情 | 人緣

心平氣和 拒絕 小圈子 自閉 收藏 相敬如賓 彬彬有禮

健康 | 自身

少運動 太極 氣功 瑜伽 不愛熱鬧 有自閉傾向 結石

特徵

阻塞 阻隔 隱藏 遮蓋 精細 精密 無瑕疵 困難 限制 技術

大自然

東南方 春天 早上 風 空氣 氣流 綠色

動物

蝙蝠　蚯蚓　貓　老鼠　貓頭鷹　夜鶯　夜鷹　穿山甲　黃鼠狼
夜間出沒的動物　石頭魚　變色龍　烏賊　有掩護色的動物

植物

草　蘆葦　矮小樹木　矮小果樹　苔蘚植物　苦草　黑松露　夜來香
月見草　曇花　晚香玉　含羞草　荷花　蓮葉　梅　蘭　菊　竹

食物

齋菜　聖餐　精緻菜　懷石料理　私房菜　秘製菜式　祖傳菜式
煙燻食品　氣鍋菜式　汽水　梳打水　香檳　分子料理

靜物

門　窗　窗簾　被子　衣服　胸罩　內衣　衛生巾　手套　電話套　袋
電子晶片　面具　口罩　瓶蓋　莊稼　書籍　詩集　曲譜　食譜

景物

茂密的草地　樹林　稻田　麥田　草叢　花叢　紅樹林　綠化帶　籬笆
圍牆　隔離帶　隧道　通道　地洞　地牢　監獄　法院　關卡　閘口

人物

活佛　道士　僧人　佛教徒　基督徒　神職人員　心理學家　教育家
程式編寫員　自閉者　隱居者　聾啞人　獄警　軍人　特工　囚犯

人物外表

長臉　中等身高　斯文　害羞　表情呆滯　欲言又止　神色黯然

人物性格

思路清晰　城府極深　不愛說話　文靜內向　有修養

人體

大腦　頭髮　膽　肝　筋　神經　呼吸系統

神物

華光大帝君　峨眉祖師　達摩祖師　嫦娥　華陀　龍　鳳凰

景門 陰火

事業 | 學業

計劃　前程　學習　文學成績　文件　票據　合同　證書　獎狀

感情 | 人緣

虛偽　空虛　知情識趣　心直口快　佔有慾強　受人注目

健康 | 自身

面色紅潤　火猛　熱情　熱血　日光浴　空虛　發炎　熱症

特徵

策略　願景　文化　文書　證據　華麗　漂亮　風景　暴露　出名
口舌　血光　變化

大自然

南方　夏季　晴天　中午　太陽　炎熱　閃光　紅色　棗紅色

動物

孔雀　鷹　雉雞　火雞　老虎　金錢豹　斑馬　青竹蛇　蝴蝶

火烈鳥　朱鷺　天堂鳥　金龍魚　金魚　熱帶魚　珊瑚魚

植物

迎客松　羅漢松　楊柳　櫻花　梅花　一品紅　大紅花　映山紅

火球花　木棉花　西瓜　葡萄　水蜜桃　士多啤梨　紅石榴　火龍果

食物

爆谷　煎堆　炸甜圈　火焗　烤焗食品　火辣食品　烘焙麵包

杯子蛋糕　生日蛋糕　彩蛋　彩色糖果　獲獎名菜　馳名食品

靜物

文件　證件　股票　圖片　書本　時裝　首飾　化妝品　美容品

顏料　電燈　霓虹燈　車頭燈　眼鏡　電視　投影機　照相機　煙花

景物

廚房　電影院　歌劇院　電視台　電視塔　瞭望台　名山名水

風景區　旅遊景點　充電站　電競館　捐血站　裝飾公司　眼鏡店

人物

有名氣的人　英俊漂亮的人　獲獎者　設計師　廣告人　策劃者
文化人　作家　畫家　攝影師　名星　網紅　美容師　髮型師

人物外表

喜歡打扮　皮膚紅　染紅髮　身形偏瘦　面形尖　艷麗　漂亮

人物性格

聰明　虛心　虛榮　脾氣急躁　明瞭事理　缺乏耐力

人體

頭　臉　眼睛　心臟　小腸　血液　神經　乳房

神物

佛母娘娘　六壬仙師　何仙姑　哪吒　火鳳凰　火麒麟

死門 陰土

事業 | 學業

困局 十拿九穩 要變動 歷史 紀錄 沒成績 沒進步

感情 | 人緣

死心 長久 死板 穩定 固執己見 有個性 不突出 不溝通

健康 | 自身

不動 變化 不開心 死亡 肉瘤 腫瘤 病灶

特徵

中止 結束 疤痕 受困 肯定 穩固 遲緩 鬼神

大自然

西南方 四季 陰天 雲 霧 雨 灰色 黑色 藍色

動物

恐龍　恐鳥　巨猿　長毛象　三葉蟲　鱟　龜　鸚鵡螺　海綿　蟑螂
史前生物　大海雀　渡渡鳥　袋狼　斑驢　絕種生物　動物屍體

植物

崖柏　沉香　靈芝　千年人參　榕樹　胡楊　松樹　柏樹　百年古樹
生長緩慢的植物　有病的樹　乾枯的植物　永生花　植物標本

食物

鹹魚　鹹肉　鹹蛋　皮蛋　雲腿　凍肉　醃製肉類　梅菜　菜脯
泡菜　不新鮮食品　過期罐頭　變壞食品　古早味食品　懷舊食品

靜物

佛像　木偶　雕塑　木乃伊　陪葬品　棺材　墓碑　死者照片　遺物
鎖　繩索　凶器　歷史文物　逾期門票　古董　時間囊　紀念品

景物

空房子　玩具店　雕刻廠　醫院　停屍間　火葬場　刑場　屠宰場
歷史博物館　墳墓　墓碑　紀念碑　墓場　地皮　地基　死胡同

人物

拜佛之人　修道的人　有宗教信仰的人　偶像人物　死人　守墓人
屠夫　醫生　兇手　地產商　古董商　歷史學家　解剖師　禮儀師

人物外表

神情嚴肅　身形不高　肥胖　臉色偏黃　臉無表情　死氣沉沉

人物性格

消極　沉實　含蓄　沉默寡言　死心眼　思想保守　任性　辦事不爽

人體

腹部　死肉　死皮　腫塊　硬塊　傷疤　疤痕

神物

彌勒佛　觀音菩薩　地藏王菩薩　茅山祖師　土地　貔貅

驚門 陰金

事業 | 學業

老師　教授　律師　口舌是非　官司訴訟　音樂　朗誦　唱歌

感情 | 人緣

憂疑　吵架　説話刺激人　製造驚喜　説是道非　不合群

健康 | 自身

焦慮　失眠　畏縮　言語不清　腸鳴　心臟弱　膽寒

特徵

害怕　驚慌　擔心　詫異　奇怪　打架　尖叫　聲音　驚人　吃驚

大自然

西方　秋天　傍晚　雷電　雷擊　雷聲　白色

動物

蟋蟀　蟈蟈　蟬　牛蛙　海豚　猴子　公雞　了哥　鸚鵡　善鳴動物
抹香鯨　藍鯨　吼猴　海豹　象　灰狼　獅子　河馬　大嗓門動物

植物

白楊　柳樹　松樹　笑樹　竹　被風吹動發聲的植物　樹葉　竹葉
竹子　葫蘆　仙人掌　椰樹　猴麵包樹　被製成樂器的植物

食物

爆谷　爆炸糖　薯片　蝦片　脆麻花　餅乾　脆片　香脆食品　鴨舌
牛脷　豬肺　蚯蚓軟糖　眼球果凍　萬聖節食品　分子料理　月餅

靜物

風鈴　門鈴　鐘　音響　收音機　樂器　喇叭　擴音器　木魚　電鑽
研磨機　壓力煲　摩打　車輛　飛機　石獅子　驚慄片　懸疑小說

景物

歌劇院　電影院　球場　體育館　爆竹廠　演唱會　公安局　檢察院
法院　播音室　鬧市　多車的道路　鐵路　建築工程　鬼屋遊樂設施

人物

法官　歌星　播音員　講解員　導遊　售貨員　裁判　軍人　警察
強盜　劫匪　顛狂人　受驚嚇者　驚恐症病人

人物外表

皮膚白淨　瘦長臉　聲音宏亮　懂説話　瞠目結舌　呆若木雞

人物性格

能説會道　口沒遮攔　忐忑不安　膽小　心事重重　態度囂張

人體

心臟　喉嚨　聲帶　肺　大腸　呼吸系統　屁

神物

梨山老母　孫悟空　雷公　尉遲公　秦瓊　鍾馗　白虎

開門 陽金

事業 | 學業

開創　開學　公司　工作　學校　學業　經營　推展　貿易　成功

感情 | 人緣

婚嫁　坦誠　思想開放　通情達理　重情重義

健康 | 自身

心境開朗　活潑　思想正面　自由自在　無節制　欠耐力

特徵

開始　喜慶　出行　公開　暴露　通暢　順利　寬敞　圓形　升遷

大自然

西北方　傍晚　天清氣朗　乾爽　白色　金色

動物

獅子　老虎　豹　象　鯨魚　北極熊　鷹　孔雀　天鵝　大黃蜂
威猛有霸主地位的動物　金龍魚　錦鯉　名種馬　名種狗　名種貓

植物

高大樹木　千年古樹　年長植物　松柏　金絲楠木　崖柏　名貴植物
國花　區花　玫瑰　蓮花　結圓形果實的植物　龍眼　荔枝　羅漢果

食物

自助餐　節日食品　喜慶食品　試吃食品　高級食材　結婚蛋糕
生日蛋糕　盆菜　開胃菜　開心果　千人宴　千歲宴　開年飯　春茗

靜物

金銀珠寶　貴重物品　象形文字　互聯網　搜尋器　刀　開罐器
鑰匙　百合匙　錢幣　郵票　通行證　入場券　開篷車　開胸衣　呔盤

景物

工作單位　辦公室　商場　商舖　高樓大廈　高亢之地　開闊之地
公司　工廠　法院　車站　碼頭　機場　醫院　學校　公園　豪宅

人物

領導　公眾人物　法官　放債人　名人　網紅　創業者　工作者
老闆　生意人　文官　白領　公務員　司機　門僮　外科醫生

人物外表

身形高大　鼻直口方　方圓臉　眼神敏銳　不怒而威

人物性格

開朗　大公無私　豁達　處事大方　勤奮向上　自尊心強

人體

頭　心　眼　大腦　肺　皮膚　臉　血管　神經

神物

佛祖　太上老君　女媧娘娘　達摩祖師　呂山法祖　龍

象意

5// 八神象意

值符 陽木

事業 | 學業

有代表性　品質優良　權力　高層　委任狀　證書　經典文學作品

感情 | 人緣

高高在上　管制　敦厚正直　德高望重　高雅安然　一臉和氣

健康 | 自身

雙重性格　處變不驚　有條不紊　健身　高球　劍擊　太極

特徵

高層次　高級　高尚　名貴　名氣　豪華　貴重　具影響力　稀有　有殼　向上　上天

大自然

中央　晴天　風和日麗　五彩繽紛

動物

熊貓　獅子　老虎　鯨魚　燕魚　娃娃魚　受國家保護動物　鱟　龜

穿山甲　甲蟲　蝦　蟹　蚌　螺　純血馬　白獅　金剛鸚鵡　藏獒

植物

崖柏　紅木　金絲楠木　人參　靈芝　松露　大樹　高樹　千年古樹

名貴植物　有代表性植物　松柏　玫瑰　蓮花　梅　蘭　菊　竹

食物

鮑參翅肚　鵝肝　白松露　魚子醬　藏紅花　神户牛柳　麝貓咖啡

名貴紅酒　核桃　花生　松子　堅果類　豆類　甲殼類　椰子　檳榔

靜物

國徽　國旗　印章　權杖　皇冠　鑽石珠寶　名人字畫　名貴藝術品

鋼琴　音符　符咒　筆　指揮棒　旗子　頭盔　高級家具　名車

景物

中央之地　高亢之地　皇宮　廟宇　紀念柱　古建築　博物館　金礦

油礦　銀行　法院　首都　首府　金銀首飾店　皇宮　豪宅　甲級商廈

人物

皇帝 總統 主席 領袖 元帥 老闆 名人 董事長 校長 老師 長輩 樂團指揮 冠軍人物 負責人 管理人 放債人 原告

人物外表

身體直長 身材高大 皮膚青白 方臉 鼻子直大 唇線清晰 粗眉 頭髮濃密 氣概雄偉

人物性格

文武雙全 有組織能力 威嚴 外強中乾 能言善辯 虛偽 無中生有

人體

頭 臉 手 指甲 大腦 心臟 胃 男性生殖器

神物

佛祖 玉皇大帝 太上老君 觀音菩薩 達摩祖師 呂山法祖 龍

螣蛇 陰火

事業 | 學業

廣告 策劃 繪畫 書法 文字 英文 網絡 電話 電腦

感情 | 人緣

反反覆覆 虛假 變化 纏繞 心口不一 死纏爛打 愛炫耀

健康 | 自身

愛幻想 瑜伽 智力遊戲 疑神疑鬼 精神病 多夢 幻覺

特徵

閃動 變幻 耀眼 亮麗 發光 彎曲 網狀 斑紋 條紋 靈活
怪異 虛驚 裂縫

大自然

南方 夏天 太陽 閃電 星星 火 煙 極光 紅色 五顏六色

動物

蟲　蛇　蟒　蟮　蜈蚣　海參　海豚　螢火蟲　螢光魚　螢光魷
夜光藻　烏賊　水母　斑馬　老虎　花豹　變色龍　孔雀　蝴蝶

植物

紅薯苗　合掌瓜苗　楊柳　龍爪槐　葡萄藤　牽牛花　夜光茸
發光蕈　夜光樹　燈籠樹　人參果　流星瓜　斑竹　漂亮的花朵

食物

分子料理　法國菜　意大利菜　煙燻菜式　炙燒食品　翻熱餸菜
微波爐食品　燒烤食品　雞尾酒　幸運曲奇　即食麵　通心粉

靜物

電線　繩索　拉鍊　領帶　腰帶　手鍊　頸鍊　煙花　霓虹燈　花燈
閃光燈　蠟燭　電話　萬花筒　花布　花衣服　漁網　窗紗　拉手柄

景物

燈塔　電塔　彎路　河流　山脈　道路　海岸線　高架電纜　燈飾店
光猛之地　廟宇　玄學社　燒烤場　窯灶　焚化爐　吸煙區

人物

漁民　畫家　魔術師　燈光師　化妝師　模特兒　紋身之人　電工

燒焊工　廟祝　算命師　漂亮之人　精神病人　狡猾之人　潑婦

人物外表

身形瘦弱　頭髮稀少　頭毛黃　白裏透紅　大腦門　駝背　小蛇腰

人物性格

虛偽巧詐　華而不實　善變　愛穿花格子或條紋衣服

人體

心臟　腦　血管　血液　神經　經絡　陰莖　手　腳　頭髮

神物

燃燈佛　觀音娘娘　二郎神　雷娘　姜太公　灶君　龍　朱雀

太陰 陰金

事業 ｜ 學業

影印機 密碼 密函 策劃 陰謀詭計 墨水 設計 書法 家政

感情 ｜ 人緣

婚姻 憂疑 護蔭 欺詐 助人為樂 陰險毒辣 口舌是非

健康 ｜ 自身

説話有條理 聲調不高 完美主義 手腳冰冷 面青唇白

特徵

神佛 陰德 喜慶 吉祥 完美 縝密 秘密 遮擋 匿藏 陰暗
詛咒 暗號

大自然

西方 秋天 晚上 陰天 雨露 寒冷 月亮 灰色 白色

動物

貓頭鷹　蝙蝠　貓　老鼠　黃鼠狼　夜鶯　夜鷹　奇異鳥　刺蝟
穿山甲　蚊　蝸牛　龜　寄居蟹　螺　蜆　比目魚　小丑魚　章魚

植物

苔蘚植物　牙草　含羞草　冬菇　蘑菇　松茸　雪耳　木耳　積雪草
白蘿蔔　海帶　柳樹　紅樹　花生　核桃　栗　椰樹

食物

蛋　蓋飯　奶蓋　酥皮湯　冬瓜盅　西瓜盅　椰子燉雞　佛跳牆　椰青
啤酒　冰水　汽水　雪糕　雪條　刨冰　寒天　海帶綠豆湯　涼粉　瓜子

靜物

金銀　鏡子　水墨畫　字跡　羽毛　假髮　胸罩　內衣褲　冷氣機
防曬用品　蚊帳　蓋子　雪櫃　冰塊　監控鏡頭　雕琢品　喜慶用品

景物

道觀　寺廟　教堂　密室　光線暗的房屋　林蔭路　紅樹林　荷花池
地下室　地洞　山洞　防空洞　陰暗處　涼亭　廁所　濕地　地井

人物

法師　巫師　隱士　文人　畫家　書法家　設計師　策劃師　工程師　裁縫　雕刻師　秘書　歌手　盜賊　特工　女人　少女　情婦　孕婦

人物外表

身如白玉　口似櫻桃　鼻子挺直　臉色白淨　文靜　英俊　漂亮　大方

人物性格

正直慷慨　體貼周到　收藏　陰匿暗昧　老謀深算

人體

嘴　心　肺　呼吸系統　皮膚　毛髮　陰部　涕液　胎兒

神物

神佛　菩薩　太白金星　觀音娘娘　嫦娥　玉兔

六合　陰木

事業 ｜ 學業

合作夥伴　口講業　談判　合同　互聯網　書本　書包　集會

感情 ｜ 人緣

結婚證　嫁娶　喜慶　合抱　親吻　相聚　一團和氣

健康 ｜ 自身

仁慈　包容　性情開朗　平易近人　質軟無力　心平氣和

特徵

婚姻　歡樂　吉祥　聯合　會合　聚集　眾多　重疊　關閉　卡住

大自然

東方　春天　早晨　旭日　風　和風　彩虹　綠色　青綠色　多種顏色

動物

鴛鴦　天鵝　白鴿　蝴蝶　兔子　雞　鴨　燕子　蝙蝠　蜻蜓　蜜蜂
蝗蟲　螞蟻　狼　海豚　企鵝　磷蝦　沙甸魚　鮭魚　金槍魚　珊瑚

植物

花　草　稻穀　小麥　粟米　榕樹　紅樹　菠蘿　桑椹　合掌瓜
釋迦果　繡球花　蓮花　米蘭　七里香　蒜　洋葱　洋薊　百合

食物

賀年全盒　應節食品　嫁喜餅　生日蛋糕　結婚蛋糕　婚宴菜式
自助餐　盆菜　英式下午茶　日式定食　餐盒　飛機餐　兒童餐

靜物

合約　證書　盒子　箱子　椅子　床　積木　砌圖　漫畫　背包　羽毛
套裝　收納箱　化妝品　鹽　糖　鹵水料　布帛　金錢　車　船　飛機

景物

公園　草地　樹林　葱嶺　婚介所　幼兒園　慈善機構　交易場所
娛樂場所　休閒場所　會堂　廣場　車站　碼頭　機場　宴會廳

人物

僧人　道士　明星　歌星　胎兒　兒童　孕婦　情侶　媒人　合夥人
中介人　售貨員　醫生　護士　幼兒園教師　畫家　設計師　魔術師

人物外表

皮膚青白　手掌多肉　圓臉　兔牙　笑容可掬　點頭哈腰　縮頭聳肩

人物性格

謙讓　薦賢不妒　説話吉利　性格中立　做事有分寸

人體

手　手指　腳趾　頭髮　眉毛　毛髮　牙齒　口　嘴　肝　膽

神物

和合二仙　福祿壽三星　月老　嫦娥　龍　鳳　玉兔

白虎 陰金

事業 | 學業

強迫性　大阻隔　競爭對手　學霸　實力　堅毅　壓力　規條

感情 | 人緣

強硬　霸氣　打鬥　爭鬥　嚴肅　少説話　獨來獨往　大義凜然

健康 | 自身

疾病　受傷　骨骼雄壯　健身　器械　肌肉繃緊　癌症

特徵

刑傷　官司是非　兇猛　戰爭　傷災　牢獄　艷麗　豪華

大自然

西方　秋天　傍晚　閃電　霹靂　狂風　颱風　龍捲風　地震　海嘯
火山爆發　白色

動物

鱷魚　白鯊　熊　獅子　老虎　豹　蟒蛇　巨蜥　豺狼　野狗　野豬
鬣狗　山貓　藏獒　鷹　鵰　鱷龜　伯勞　蜘蛛　大黃蜂

植物

蒺藜草　仙人掌　荊棘　豬籠草　刺槐　皂莢　夾竹桃　白蛇根草
毒芹　顛茄　蠍子草　蘆薈　榴槤　簕杜鵑　玫瑰　木香　曼陀羅

食物

帶刺水果　堅果　豬骨　牛骨　刺激食物　勁辣菜式　高糖食品
高脂食品　烤焦食物　化學食物　冰冷食品　冰凍飲品　香煙　烈酒

靜物

金銀　金屬製品　石製品　刀槍器械　捕獸器　石獸　石磨　雪櫃
冷氣機　冰雕　鎖　貨櫃　貨櫃車　飛機　武器　凶器　毒藥　毒品

景物

豪華建築　玻璃外牆　路口　關卡　路障　收費站　懸崖峭壁　鐵閘
城牆　石牆　冷藏庫　道路　鐵路　拳館　武館　公安所　警衛室

人物

屠夫　獵人　醫生　法官　高科技人員　黑社會分子　有權勢之人
軍人　文警　武警　警衛　強盜　保鏢　義士　龍虎武師　拳師

人物外表

頭髮鋥亮　皮膚白淨　圓眼　虎頭虎腦　肌肉強健　冷艷

人物性格

深沉　殘暴　兇惡　霸氣　脾氣大　老謀深算

人體

眼睛　肺　大腸　呼吸系統　牙齒　骨骼　大腦　皮毛　拳頭

神物

太白金星　雷公　尉遲公　秦瓊　張飛　白虎

玄武 陽水

事業 | 學業

玄學 智慧 貪污 不實 不清楚 糊塗 第二位 抄襲 影印機

感情 | 人緣

桃花 謊言 陰暗場所 酒廊 按摩院 反口覆舌 愛說謊

健康 | 自身

雙重性格 目標不明 冥想 幻覺 嗜酒 視力差

特徵

虛假 陰影 影像 盜竊 頭暈 神秘 深奧 賭博

大自然

北方 冬季 晚上 雨天 陰天 影子 海市蜃樓 黑色 深藍色

動物

蛇　貓頭鷹　蝙蝠　老鼠　貓　穿山甲　果子狸　夜間出沒的動物
魚　蝦　蟹　海龜　水母　水中動物　變色龍　章魚　鰈魚　寄居蟹

植物

海帶　蘆葦　富貴竹　浮萍　水葫蘆　慈姑　馬蹄　水中生長的植物
柳樹　槐樹　蕉樹　蓮花　傳説中能成仙成怪的植物　葫蘆瓜

食物

油鹽醬醋　海鮮　河鮮　海味　紫菜　奶茶　咖啡　汽水　啤酒
雞尾酒　酒精飲品　油浸食品　鹵水食物　醃製食品　染色食物

靜物

冒牌貨　抄襲品　複製品　模具　印章　相片　文章　圖畫　油漆
墨水　茶壺　酒瓶　窗簾　浴簾　立體眼鏡　精油　木炭　黑布

景物

廁所　浴室　地下水　溝渠　魚池　地井　河流　湖泊　大海
污水處理廠　紮染工場　洗衣房

人物

孕婦　胎兒　盜賊　説謊者　神秘人　演員　導演　文人　作家

書法家　畫家　木偶師　腹語師　海員　漁民　水產經營者

人物外表

瘦肩　臉黑　獐頭鼠目　神色不定　視力不好　彎腰駝背

人物性格

能言善辯　高智商　沒有誠信　虛偽　糊塗　貪心

人體

眼睛　頭髮　腎　膀胱　尿液　體液　血液　瘻　印

神物

真武大帝　夏禹　姜太公　何仙姑　玄武　四不像

九地 陰土

事業 | 學業

貯物箱　公事包　書包　不想改變　忍耐力強　守舊　有恆心

感情 | 人緣

穩定　長久　包容　自私　暗鬥　地下情　困獸鬥　三教九流

健康 | 自身

慢動　不動　休眠　下沉　肥胖大腹　反應慢　自閉　傷殘

特徵

不變　緩慢　穩固　舊物　長眠　柔順　矮小　低級　黑暗　陰謀

大自然

中央　西南方　四季　有雲　黑暗　地下　下方　黃色

動物

大象　河馬　熊貓　豬　牛　龜　企鵝　土撥鼠　牛蛙　駱駝　鴕鳥
樹獺　樹熊　珊瑚　海綿　海星　海膽　比目魚　爬蟲類

植物

大蒜　薑　番薯　木薯　紅薯　馬鈴薯　芋頭　山藥　青苔　髮菜
蘿蔔　西瓜　南瓜　地瓜　小麥　稻穀　粟米　蔬菜　花草

食物

醋　鹽　糖　大黃　茶葉　防腐食物　醃漬食物　冷藏食品　蜜糖
紅酒　威士忌　陳釀　陳皮　陳醋　普洱　乾果　雲腿　中草藥

靜物

泥土　沙石　土製品　陶瓷製品　碗　杯　盆　缸　地毡　古董　舊物
遺物　收藏品　石英　陶笛　收納用具　貨櫃　時間囊　歷史文物

景物

橫樑　狹窄空間　地下室　土地廟　地攤　墓地　地下鐵路
地下停車場　種子庫　礦洞　礦坑　歷史博物館　老人院　姑婆屋

人物

道姑　村姑　廟祝　老人　農民　歷史學家　地下工作者　囚犯
獄警　特務　中醫　醫生　煤礦工人　黑客　傷殘人士　無名士

人物外表

五短身材　厚肉　形態敦厚　皮膚黃　方形臉　色音如甕

人物性格

柔順文靜　消極　古板　吝嗇　謙卑恭敬　固執　節約

人體

鼻　唇　臉　肌肉　臀部　腹部　大腿　胃　脾

神物

地藏王　茅山祖師　壽星公　土地公　白象

九天 陽金

事業 | 學業

變動　高層次　高級　提拔　上升　董事長　教授　講師

感情 | 人緣

幸福　主動　豪放熱情　高談闊論　不切實際　鬥爭

健康 | 自身

骨骼強壯　精力充沛　精神恍惚　天馬行空　釋放　容易失控

特徵

自由　自然　上天　天上　變化　虛像　深遠　重要　光明　恩賜
進攻　打鬥　戰爭

大自然

西北方　秋天　傍晚　天空　光明　自然現象　白色　青色

動物

馬 老虎 獅子 豹 鹿 羚羊 鷹 鯊魚 旗魚 燕子 蜻蜓
蝙蝠 兔子 青蛙 袋鼠 速度快的動物 會跳躍的動物

植物

千年古樹 參天大樹 高原植物 神木 竹 白楊樹 柳樹 椰子樹
天山雪蓮 紅景天 月桂樹 蓮花 蒲公英 楓樹 木棉花 芒草

食物

鮑參翅肚 松露 和牛 巴馬火腿 魚子醬 鵝肝 藍龍蝦 藏紅花
麝貓咖啡 高級紅酒 遠年普洱 乳鴿 自助餐 飛機餐 快餐

靜物

鏡子 玻璃 窗 天窗 天花 望遠鏡 航拍機 飛機 刀 槍 子彈
高速鐵路 快艇 激光 天線 金 玉 寶石 頭盔 帽子 圓物

景物

高山 高原 山頂 電視塔 高樓大廈 天梯 天井 戰爭 戰場
首都 首府 領導辦公室 豪華地方 遙遠的地方 最高樓層

人物

道人　僧侶　神父　領導　總統　高官　商人　明星　遠航員　機師

空中服務員　高空工作者　長輩　父輩　古人

人物外表

威嚴　嚴肅　身形高大　雄壯魁梧　皮膚白淨　不怒而威　說話有力

人物性格

聰明　得意　衝動　反應快速　理想遠大　無中生有

人體

頭　頭髮　額　肺　胃　大腸　骨　皮毛

神物

玉皇大帝　太上老君　九天玄女　峨眉祖師　關公　朱雀

象意

6// 九星象意

天篷｜貪狼星 陽水

事業｜學業

膽大妄為　投機　智慧　靈活　電腦繪圖　實力高強　説謊話

感情｜人緣

虛假　相逢　極細心　暗昧　貪小便宜　處事圓滑　喜歡酒色　性

健康｜自身

敢於冒險　彪悍　懶散　無鬥志　性能力強　壞習慣

特徵

無孔不入　大動　賭博　破財　遮蓋　大賊　流動　威嚴

大自然

北方　冬天　黑夜　陰天　烏雲密佈　陰濕　寒冷　黑色　深藍色

動物

狼　老鼠　蝙蝠　果子狸　穿山甲　貓　貓頭鷹　晚上出沒的動物
魚　蝦　蟹　珊瑚　海葵　豬　鬣狗　布穀鳥　企鵝　蜘蛛　烏賊

植物

蘑菇　冬菇　花菇　雲耳　舞茸　松茸　靈芝　蕉樹　椰樹　傘樹
榕樹　蓮花　蓮蓬　荷葉　向日葵　西蘭花　海草　海苔

食物

黑松露　芝麻糊　墨魚麵　竹炭麵包　果汁味汽水　珍珠奶茶
流水麵　迴轉壽司　刺身　雪糕　雪條　冰凍飲品　酒精飲品

靜物

傘子　防曬用品　漁具　雨具　寬大衣服　黑色衣服　豐胸內衣
內增高鞋　虛擬網站　藝名　電腦美圖　色情網站　賭具　船　車

景物

皇宮　廟宇　涼亭　茅屋　草蓬　橋　屋頂　賭場　馬場　股票行
水邊　水坑　色情場所　髮廊　桑拿浴室　陰暗地方　尖頂建築物

人物

黑道中人　大賊　黑客　妓女　賭徒　乞丐　騙徒　俠士　邊防戰士　失敗者　漁業工作者　運輸業人員　娛樂業工作者　建築工人

人物外表

面黑　眼大　頭髮濃密　威武雄壯　愛穿黑色或藍色衣服

人物性格

精明能幹　暗中行事　狡猾多變　聰明機智　心狠手辣

人體

尿　膀胱　血液　排泄系統　腎　耳　眼睛　頭髮　生殖系統　腳

神物

達摩祖師　豬八戒　姜太公　包青天　鍾馗　尉遲公　龍龜

天任｜左輔星 陽土

事業 ｜ 學業

目標不明　任勞任怨　任重道遠　反應遲緩　死不悔改　鼠標　鍵盤

感情 ｜ 人緣

堅定　固執　死心眼　承受　擔當　説話不多　慢熱　怕老婆

健康 ｜ 自身

敦厚老實　微彎腰　駝背　行動緩慢　腰背痠痛　起繭　壓力大

特徵

忠厚　保守　謙虛　負重　笨重　支撐　停止　不變

大自然

東北方　陰天　多雲　大霧　風沙　黃色　橙色

動物

牛 馬 驢 象 駱駝 馴鹿 雪橇犬 龜 能負重的動物 虎 獅
豹 狼 山豬 野狗 山上的動物 座頭鯨 駝背豚 工蜂 工蟻

植物

山棯 山楂 姑娘果 龍眼 荔枝 桃 李子 山上生長的果實
稻穀 粟米 小麥 蘆薈 長壽花 多肉植物 很少水就能種的植物

食物

米飯 粥品 粉麵 麵包 主食 糕餅 肉包 肉扒 瓜類 薯類
野味 野菜 清蒸菜式 白灼菜色 傳統齋菜 原味食品

靜物

枕頭 床褥 被子 桌子 椅子 櫃 書架 底座 拐杖 扶手 腳踏
健身器材 鞋 起重機 隔熱墊 地毡 蒲團 馬鞍 水晶球 地球儀

景物

小山 山丘 丘陵 山崗 禿頭山 高崗 圓頂建築物 不平的路
橋 台階 樓梯 門檻 梯田 田基 碉堡 地產公司

人物

長者　老實人　道人　和尚　宗教人士　牛童　山民　農民　轎夫
礦山開採者　登山者　建築工人　地產商　服務員　忙碌之人

人物外表

多肉　肉厚　方臉　皮膚黃白　胸部豐滿　躬身哈腰　土氣

人物性格

穩重　勤奮　倔強固執　小器　思想守舊

人體

鼻　胸　乳房　腹部　臀部　腰　背　脊髓　手　腿　脾　胃
男性生殖器

神物

彌勒佛　茅山祖師　壽星公　彭祖　財神　土地公　三腳蟾蜍

天沖｜祿存星　陽木

事業｜學業

勇往直前　衝擊　工作麻利　焦慮　矛盾　四處走　氣勢大　運動場

感情｜人緣

性急　輕浮後悔　衝動　分開　不顧後果　欠穩重　打老婆

健康｜自身

雷厲風行　不動腦　虎頭蛇尾　球類運動　氣促　易怒　容易受傷

特徵

高　直　快速　賭博　迅猛　瞬間　震動　擔心　不完善

大自然

東方　風　閃電　雷電　冰雹　海嘯　地震　綠色

動物

燕子　鷹　鷲　鵰　鵬　天鵝　鶴　蛇　兔子　羚羊　袋鼠　松鼠
劍魚　飛魚　鯊魚　青蛙　蝗蟲　草蜢　蟋蟀　跳蚤

植物

大樹　古樹　竹　高粱　穀稻　粟米　椰樹　白楊樹　杉樹　速生桉
葱　露筍　韭菜　蒜心　茶樹菇　芥菜　野葛

食物

快餐　飛機餐　外賣　即食麵　即食餸菜　微波爐食品　快熟食品
奶茶　拉茶　咖啡　即溶咖啡　三合一飲品　薑汁撞奶

靜物

鼓　樂器　音響　鐘　鈴　槍炮　煙花　劍　射擊　攪拌機　過山車
飛機　快艇　跑車　桌球　高爾夫球　賽車　電競　賽馬　跑步機

景物

演奏會　歌舞廳　戲院　街市　機場　車站　高大建築　交通要道
公安局　派出所　公園　瀑布　旅行團　投注站　賭場

人物

軍人　警察　消防員　武術愛好者　表演者　舞蹈員　鼓手　槍手　運動員　歌迷　戲迷　木匠　飛機師　司機

人物外表

長方臉　皮膚青白　長髮　身形高瘦　走路快　說話快

人物性格

勇敢　敏捷　積極進取　為人爽快　考慮不周　易怒

人體

神經　氣管　頭髮　腰　肝　筋骨　大腿　男性生殖器

神物

真武大帝　孫悟空　雷公　二郎神　濟公　張飛　龍

天輔｜文曲星　陰木

事業｜學業

指導　導引　禮儀　協助　撐腰　靠山　教育　眼鏡　教材　文具

感情｜人緣

關愛　細心　融洽　保護　雪中送炭　愛幫助人　謙虛禮讓

健康｜自身

食療　保健　調理　呼吸暢順　有文化　喜歡吃東西

特徵

扶持　輔佐　幫助　指點　祝福　哺育　餵養　彎曲

大自然

東南方　晴天　和風　月亮　彩虹　祥雲　綠色

動物

蝴蝶　蜻蜓　鴿子　燕子　鷹　老虎　豹　斑馬　花貓　蛇　泥鰍
蚯蚓　蜥蜴　壁虎　牙帶魚　海蛇　八爪魚　牛　羊　馬　驢子　駱駝

植物

瓜苗　花草　葡萄　葫蘆瓜　絲瓜　楊樹　柳樹　藤蔓植物　中草藥
木棉　蘆葦　芒草　蒲公英　睡蓮　蘭花　海帶　海草

食物

輔食　補品　營養補充品　嬰兒食品　小食　下午茶　宵夜
魚類食品　蔬菜類食品　麵條　粉條　粿條　粉絲　藥膳　素菜

靜物

枕　墊　房屋　家具　餐具　衣服　傘　助聽器　輪椅　車　船　圖畫
園藝　冷氣機　風扇　口罩　胸圍　衛生巾　字幕　食譜　曲譜　配樂

景物

中醫館　護理中心　客户服務站　學校　文具店　文化中心　幼兒園
圍牆　柵欄　隔離帶　防護欄　綠化帶　林蔭路　監獄　動物園

人物

文化人　詩人　作家　教師　醫生　護士　教育工作者　秘書　導遊

總理　政委　公安　護衛　保安　保姆　副手　家庭主婦

人物外表

皮膚青白　手細長　頭髮茂密　身體偏瘦　風度翩翩　懂禮儀

人物性格

有修養　有內涵　文雅　有文化　仁慈　融洽和諧

人體

牙　食道　頭髮　乳房　肺　呼吸系統　大腿　神經

神物

水月觀音　騎龍觀音　峨眉祖師　嫦娥　華陀　龍　鳳凰　仙鶴

天英｜右弼星 陰火

事業｜學業

智勇雙全　文化藝術　文學　卓越　傑出　獲獎　獎座　圖書

感情｜人緣

虛幻　不實　愛顯露自己　有禮貌　熱情好客　英雄人物

健康｜自身

英俊　漂亮　秀麗　我行我素　頭髮枯黃　精神恍惚　眼疾

特徵

閃爍　光明　外露　聰明　半明半暗　亮麗之物

大自然

南方　夏天　中午　太陽　彩虹　紅色　深紅色　棗紅色　火白色

動物

金魚　龍吐珠　孔雀　鸚鵡　海南了哥　變色龍　錦鯉　熱帶魚
珊瑚　水母　螢火蟲　蝴蝶　天堂鳥　鷹　丹頂鶴　火烈鳥

植物

羅漢松　迎客松　盆景　蓮花　蘭花　桃花　梅花　玫瑰　一品紅
木棉花　外形美觀的植物　開花的植物　展覽中的植物

食物

頭盤　前菜　特色小吃　獲獎名菜　推介菜式　結婚蛋糕　生日蛋糕
紅毛丹　紅棗　杞子　紅豆　士多啤梨　車厘子　紅石榴　紅酒

靜物

爐灶　熱水器　電話　電腦　電燈　霓虹燈　打火機　花布　裝飾品
水晶　獎杯　證件　圖片　電影　電視　光碟　煙花　爆炸品　化妝品

景物

光猛之地　高亢之地　山頂　名店　鳥市　超市　電影院　美容院
首飾店　燈飾店　圖書館　藝術館　煉鋼廠　捐血站　廚房

人物

女人　文藝工作者　廣告人　化妝師　美容師　模特兒　演員　導演
編劇　作家　畫家　室內設計師　電子技術員

人物外表

瓜子臉　白裏透紅　身形高瘦　愛打扮　愛戴飾物　穿戴講究

人物性格

脾氣暴躁　焦慮不安　虛偽　心狠手辣　陰險狡詐

人體

頭　眼睛　唇　心臟　血液　小腸　精神

神物

燃燈佛　王母娘娘　何仙姑　電母　龍女　灶君　朱雀

天芮｜巨門星 陰土 天禽｜廉貞星

事業 ｜ 學業

學校　團結　學習　傳授　簽約　結交　集體　問題　錯誤

感情 ｜ 人緣

桃園結義　交友　弱弱聯合　易説錯話　心胸狹窄　捉摸不定

健康 ｜ 自身

包容　遲鈍　疾病　大肚子　體形肥胖　毛病多多

特徵

病星　毛病　大眾　修仙　修道　幫助

大自然

西南方　雲　霧　黃沙萬里　黃色

動物

牛 羊 雞 鵝 鴨 豬 狗 貓 家裏養的寵物 螞蟻 蜜蜂 老鼠
兔子 蝙蝠 沙甸魚 珊瑚 海葵 魷魚 企鵝 集結成群的動物

植物

水稻 小麥 高粱 馬鈴薯 蘿蔔 木薯 木瓜 蔬菜 農副產品
人參 靈芝 冬蟲夏草 當歸 石斛 中草藥 蓮花

食物

齋菜 宗教食品 粗糧 雜糧 參茸 海味 藥膳 學校膳食
醫院膳食 旅行團餐 自助餐 展銷攤位試食 街頭小吃 盆菜

靜物

神像 草藥 醫藥用品 急救用品 疫苗 參茸海味 餐具 工具書
文學作品 參考書籍 瓷器 土石製品 衫袋 衣服 砌圖 馬賽克

景物

道觀 寺廟 教會 書店 圖書館 醫院 幽靜之地 庭院 大廳
洗手間 天井 走廊 街道 監獄 不平路 多人的地方

人物

朋友 網友 隊友 教師 學生 徒弟 歌迷 影迷 醫生 病人
老婦 村姑 產婦 孕婦 農夫 畜牧人員 地產商 無恥之徒

人物外表

黃臉 方臉 有雀斑 大嘴 厚唇 身形不高

人物性格

關懷 固執 懦弱 陰險毒辣 吝嗇 貪婪

人體

嘴 右臉 肩 臍部 腹部 大腸 胃 脾

神物

佛 菩薩 觀音 女媧娘娘 福祿壽三星 八仙 蟠龍

天柱｜破軍星 陰金

事業｜學業

中流砥柱　支持　訓練　電話　電腦　咪高峰　擴音器　教師

感情｜人緣

破壞　霸氣十足　能說會道　表達能力強　愛說是非

健康｜自身

身形高大　孔武有力　刑傷　意外傷災　驚恐怪異

特徵

支撐　頂天立地　威力無比　力挽狂瀾　毀滅　破財折本

大自然

西方　秋天　金秋肅殺　雷電　冰雹　雷擊　白色

動物

狗　公雞　羊　猴子　畫眉　相思　了哥　鸚鵡　愛叫的動物

熊　獅子　老虎　豹　狼　野狗　草蜢　螳螂　好鬥的動物

植物

椰樹　竹　胡楊　白楊　蘆葦　樹幹直橫枝少的樹木　蒺藜草　荊棘

蘆薈　仙人掌　刺槐　蠍子草　夾竹桃　豬籠草　使人受傷的植物

食物

法包　甘蔗　豬骨　牛骨　山藥　手指餅　爆谷　炒板栗　爆炸糖

啄啄糖　炸蝦片　脆薯餅　炸響鈴　鴨舌　牛脷　豬喉管　烈酒

靜物

電線桿　木棒　筷子　電視　電器　樂器　音響　喇叭　鐘錶　手提電話

哨子　鳴笛水煲　鋼管　指揮棒　簫　笛子　石頭　石獅子　石獸

景物

電線桿　電視塔　高塔　高直大廈　門樓　水塔　煙囪　紀念柱

演奏會　運動場　馬場　賭場　戰場　電競館　建築地盤

人物

音樂家　鼓手　歌星　演員　律師　軍警　公檢法　拍賣官　調度員
售貨員　礦工　建築工人　球迷　少女　投訴者　是非人

人物外表

唇薄　方圓臉　皮膚白淨　身體強壯　盛氣淩人　手舞足蹈

人物性格

聲音響亮　不認輸　好爭訟　獨當一面

人體

氣管　腰　頸　手　手指　腳趾　大腿　陰莖

神物

刑天　太白金星　二郎神　孫悟空　雷公　張飛　白虎

天心｜武曲星　陽金

事業｜學業

考試　政治　會見　召見　核心　管理能力　激發潛能　開啟智慧

感情｜人緣

堅固　感情　結婚　心思細密　中心人物　隱形領袖

健康｜自身

進退自如　樂善好施　醫病　勞心勞力　心病　情緒病

特徵

中間　漩渦　移動　進攻　打鬥　周詳　宗教中心

大自然

西北方　秋天　雷電　冰雹　霜　雪　白氣　宇宙　金色

動物

鼠 牛 虎 兔 龍 蛇 馬 羊 猴 雞 狗 豬 本宮屬性的動物

獅子 熊 天鵝 熊貓 孔雀 鷹 象 鯨魚 有領導地位的動物

植物

大樹 果樹 桔子 荔枝 龍眼 黃皮 結圓形果實的植物 中草藥

蓮花 梅花 桃花 玫瑰 菊花 松 柏 有特別含意的植物

食物

宗教食品 婚宴菜式 情人節菜式 壽包 湯圓 月餅 手工菜

私房菜 精緻菜式 藥膳 補品 營養菜單 節食菜單 名菜

靜物

神像 金銀珠寶 貴重物品 醫療儀器 醫藥 訂情信物 結婚戒指

玉珮 國寶 水晶球 地球儀 陀螺 鐘錶 心理學書籍 計算機

景物

道觀 寺廟 教堂 高亢之地 平原 郊野 領導辦公室 名人居所

大廳 珠寶店 影碑牆 指揮站 調度室 馬路 塔 遠處

人物

法師　修行者　醫卜星相者　領導人　管理人員　醫生　護士
數學家　會計師　參謀長　軍師

人物外表

英俊　漂亮　皮膚白淨　高大威武　雄偉　威嚴　有王者風範

人物性格

智勇雙全　工於心計　懲惡助善　果斷　剛毅　剛強　忠心耿耿

人體

心臟　頭　肺　腸　骨　子宮

神物

佛祖　菩薩　道祖　玉帝　岳飛　龍　鳳

格局

7// 天盤天干加地盤天干（白話解譯）

「天盤戊儀」加「地盤天干」

戊加戊

格局為「青龍伏吟」，雙木成林，甲甲伏吟，凡事閉塞，以守為吉。

解：戊就是山，阻隔重重，閉塞不通，推行不開，遲緩。

戊加乙

格局為「青龍和會」，逢門吉事吉，門凶事更凶。

解：合格必有牽連，門吉辦事有人幫助，反之起伏不平。

此格利合作，不利獨立做事。

戊加丙

格局為「青龍返首」，大吉大利，逢墓、迫、擊刑，吉事成凶。

解：青龍返首就是回頭的意思。

丙是月亮，烏雲遮月後重見光明，指事情必有轉機，門迫則會遇到變化。

戊加丁

格局為「青龍耀明」，宜見貴人求名逐利皆吉，若逢墓、迫，招惹是非。

解：青龍耀明，即閃耀光明，指有希望的意思。

見凶象會被外在因素招來麻煩。

戊加己

格局為「貴人入獄」，公私皆不利。

解：己為陷阱、私慾，戊為錢財。

指能力不足，貴人也幫不上忙。

戊加庚

格局為「值符飛宮」，吉事不吉，凶事更凶，求財沒利益，測病也指凶。

解：飛宮指更換地方。此乃動格，指不安分守己。

也代表轉移，會走。

戊加辛

格局為「青龍折足」，逢吉門有生助，尚可謀事，若逢凶門，主招災、失財、足疾、折傷。

解：子午相沖要動，辛為錯誤。折足指折損、半途而廢。此格求事不順利，有不利的變化。

戊加壬

格局為「青龍入天牢」，諸事破耗，凡陰陽事皆不吉利。

解：青龍代表權位，壬為牢獄。此格代表運氣不好，處於低潮辦事不成。

戊加癸

格局為「青龍華蓋」，門吉可招福臨門，門凶者多怪異，事情多不吉利。

解：癸為天網，戊癸相合，有合作的意思，指合夥之事有牽連。門吉則吉，門凶枉費心機。

「天盤乙奇」 加「地盤天干」

乙加戊

格局為「陰害陽門」，利陰人陰事，門吉尚可謀為，門凶迫，則破財傷人。

解：乙為女人，戊土為陽門，乙木剋戊土。

此格辦事宜由女性處理，不利男命。

乙加乙

格局為「日奇伏吟」，不宜見貴求名利，只宜安分守己。

解：乙為日奇，為希望，希望太多則曲折多而被纏。

此格宜守不宜攻。

乙加丙

格局為「奇儀順遂」，遇吉星遷官進職，遇凶星夫妻反目別離。

解：乙為陰木，丙為陽火，木火通明之象，指有貴人扶持。

遇凶星出亂子則求謀不順，特別不利婚姻。

乙加丁

格局為「奇儀相佐」，文書考試吉，百事可為。

解：乙為希望，丁也為直接希望。

此格代表機會多，成功希望大。

乙加己

格局為「日奇入墓」，被土暗昧，門凶事必凶，生、開二吉門為「地遁」。

解：乙木入戌墓，發揮不出作用，事難成功。

此格指事情不明確，希望渺茫的意思。

乙加庚

格局為「日奇被刑」，為財產爭訟，夫妻懷私，不和氣。

解：日奇被刑即乙木被庚金所剋。

此格乙庚同宮，指婚姻上出現矛盾，各懷私意。

乙加辛

格局為「青龍逃走」，人亡財破，奴僕拐帶，六畜皆傷，測婚姻為女逃男。

解：乙為女性，辛主錯誤，測事主有問題發生。

逃走代表調動，測婚因妻成敗。

乙加壬

格局為「日奇入地」，尊卑悖亂，奴僕欺主或官訟是非，有人謀害之事。

解：乙為日奇，壬為天牢，指能力發揮不到，有小人搗亂。

此格代表事情有變化，遭下屬所累。

乙加癸

格局為「華蓋逢星」，遁迹修道，隱匿藏形，躲災避難為吉。

解：癸為地網，進攻不利。

此格測病凶，抓賊難逃，測財宜儲蓄。

「天盤丙奇」加「地盤天干」

丙加戊

格局為「飛鳥跌穴」，百事皆吉，不勞而獲，可謀大事。

解：指辦事不必費力便能成功。

此格大吉大利，官財兩旺、榮華顯耀。

丙加乙

格局為「日月並行」，公私皆吉利。

解：乙是日奇，丙是月奇，一陰一陽，剛柔並重之意。

此格利於合作、合夥謀事。

丙加丙

格局為「月奇悖師」，訴訟文書逼迫，破耗遺失，主單據、票證不明遺失。

解：月奇為丙為亂子，又主文書。

此格指亂上加亂，文件證明容易遺失。

丙加丁

格局為「三奇順遂」，貴人文書吉利，常人平靜安樂，得三吉門為「天遁」。

解：丙是月奇，丁是星奇，陰陽互補。

此格如意吉祥，一團和氣。

丙加己

格局為「火悖入刑」，囚人刑杖，文書不行，門吉事吉，門凶事凶。

解：丙為希望，己土為私慾，主因私慾招惹麻煩。

得吉門問題能解，凶門更凶。

丙加庚

格局為「熒入太白」，門户破敗，盜賊耗失，事業亦凶。

解：格局為賊必退，求財不利，破財。

主辦事退讓消極，主動離職或調動。

丙加辛

格局為「日月相會」，謀事可成，病人不凶遇良醫。

解：丙為權勢，與辛為利益之合。

此格指大局穩定，遇凶門則易犯錯。

丙加壬

格局為「火入天羅」，壬水沖剋丙火，客主不利，是非頗多。

解：壬丙相沖為是非矛盾，出了亂子。

此格指因外在因素而產生變化，導致失誤。

丙加癸

格局為「華蓋悖師」，陰人陷害，災禍頻生。

解：丙為月奇，癸為地網，有小人作亂，招來災禍。

主事暗昧不明，問題出自身邊人。

「天盤丁奇」加「地盤天干」

丁加戊

格局為「青龍轉光」，官人升遷，有利可圖，常人威昌。

解：青龍為求學求官，皆順利。

此格遇困難也能解決，出現轉機。

丁加乙

格局為「玉女奇生」，乃「人遁」吉格，貴人加官晉爵，
常人婚姻吉慶，財帛豐厚。

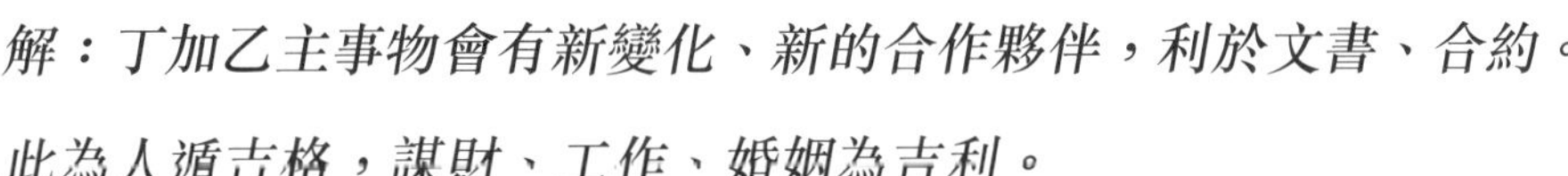

解：丁加乙主事物會有新變化、新的合作夥伴，利於文書、合約。

此為人遁吉格，謀財、工作、婚姻為吉利。

丁加丙

格局為「星隨月轉」，貴人越級高升，常人慎防樂極生悲。

解：指有能力的人得到貴人幫助，一般人因事情難以駕馭而造成不幸。

此格有權力的人辦事情大吉，普通人則要伺機而進。

丁加丁

格局為「奇入太陰」，文書證件即至，喜事隨心，萬事如意。

解：丁是星奇，星奇加星奇，主男女朋友多。

此格伏吟，主不宜動，丁奇伏吟仍為吉格。

丁加己

格局為「火入勾陳」，奸私仇冤，事因女人而起。

解：指有人暗中在背後做事，要小心遇到女性小人。

此格常因私事而出現問題或有意外發生。

丁加庚

格局為「玉女刑殺」，年月日時格，文書阻隔，行人必歸。

解：指辦事停滯不前又回到了起點。

此格指出現阻力須重新出發。

丁加辛

格局為「朱雀入獄」，諸事不順，罪人釋囚，官人失位。

解：丁為希望，辛為錯誤，希望變成錯誤了。

此格指在其位不謀其政，幹事有問題容易犯錯，希望被轉化了。

丁加壬

格局為「五神互合」，貴人恩詔，訟獄公平，測婚多為苟合。

解：指有貴人輔助，合作有牽連。

此格是合格，主事情能成。

丁加癸

格局為「朱雀投江」，文書口舌是非，驚官動府，詞訟不利，音信全無。

解：朱雀為文書，主家中口舌頻多，可能會發生事故。

此格辦事難成，手續辦不下來。

「天盤己儀」 加「地盤天干」

己加戊

格局為「犬遇青龍」，門吉謀望遂意，上人見喜，門凶則枉費心機。

解：戊為犬，甲為龍，主有機會施展才華和新事物發生。

此格遇吉門有貴人相幫，門凶貴人變小人。

己加乙

格局為「墓神不明」，乃地户逢星，宜隱居修道，遁迹藏形為利。

解：戊為乙木之墓，己為地户，指事不清楚，看不清變化。

此格代表事不明確，沒有眉目。

己加丙

格局為「火悖地户」，男人冤冤相害，女人必致淫污。

解：丙戌為火墓，己為地户，指陰陽顛倒。

此格主麻煩是非，產生私心互相攻擊，合作不成功。

己加丁

格局為「朱雀入墓」，文狀詞訟，先曲後直。

解：戌為火墓，丁奇朱雀，表示有曲折變化，堅持會有機會。

此格經過磨難之後會有轉機，先凶後吉。

己加己

格局為「地户逢鬼」，問病必死，百事不利，暫不為謀，謀則為凶。

解：陰土會陰土，不見陽光，到處都是陷阱。

此格主暗中做事，因不力而事不成。

己加庚

格局為「刑格返名」，詞訟先動者不利，如臨陰星，有謀害之情。

解：己為陰，再遇陰星事情不透明，被人暗中算計。

此格見庚為刑，庚為阻隔，不宜謀事。

己加辛

格局為「游魂入墓」，家冤陰邪鬼魅作祟，驚怪之事。

解：己為地户，戌為午火之墓，辛為錯誤，又主骸骨。

此格易犯小人，陰人作祟或驚怪之事。

己加壬

格局為「地網高張」，狡童佚女，奸情傷殺。

解：壬為天牢，己壬同宮，天罡地煞，表示爭鬥之事。

此格易犯小人，事難成。

己加癸

格局為「地刑玄武」，男女疾病垂危，詞訟有囚獄之災。

解：己土剋癸水，癸為天網，暗地裏做事，也是暗昧之意。

此格主口舌是非，容易受騙。

「天盤庚儀」 加「地盤天干」

庚加戊

格局為「太白伏宮」，百事不可謀為凶。

解：指換人換地方，求人不在，等人不來。

此格主客不利，傷人破財，見利忘義。

庚加乙

格局為「太白逢星」，退守吉，進攻凶，謀為不利。

解：庚金刑剋乙木，指合作處於委曲求全的狀態。

此格要退而求其次，事便好辦。

庚加丙

格局為「太白入熒」，占賊必到來，為客得利，為主破財。

解：賊必到，須防盜賊入室搶劫。

此格固守為好。

庚加丁

格局為「亭亭之格」，因私匿或男女關係起官司是非，
遇吉門有救，門凶則事更凶。

解：指關係不正常，吉門事有轉機，反之招惹官非。

此格主因為一己私利，損公肥私出問題。

庚加己

格局為「官符刑格」，主有官司口舌，因官訟被判重刑，
住牢獄更凶。

解：庚為阻隔、己為地户，指做事受阻，身心難受，易生暴力。

此格為主為客都不利。

庚加庚

格局為「太白同宮」，乃「戰格」，官災橫禍，兄弟朋友相沖失和，不利為事。

解：庚為打鬥，主客相鬥，互相攻擊。

此格伏吟，戰格，不利合作，合作必反目成仇。

庚加辛

格局為「白虎干格」，不宜遠行，車折馬死，求財大凶。

解：庚辛都指虎，一山不能容二虎，因衝動而發生打鬥之事。

此格要小心傷災，破財傷人。

庚加壬

格局為「太白退位」，如金化水流，遠行走失迷路，
男女音信杳然。

解：壬為流動，庚為阻隔，主奔波勞累，求謀不遂。

此格出行有阻，配偶一方在家或獨守空房。

庚加癸

格局為「太白沖刑」，主車禍，行人不至，官司不止，
生產母子俱傷。

解：寅申相沖主車禍，等人不來，求人不在。

此格主大動，漂泊不定，傷人破財。

「天盤辛儀」加「地盤天干」

辛加戊

格局為「困龍被傷」，官司破敗，屈抑居守則安，妄動則帶來禍殃。

解：子午相沖，身陷困境之象。

此為破財格，因自己錯失而導致經濟危機或事敗。

辛加乙

格局為「白虎猖狂」，家破人亡，遠行多災，尊長不喜，
測婚離散，主因男方。

解：辛為虎，猖狂有傷災，事因男性。

此為動格，主客兩傷。

辛加丙

格局為「干合悖師」，熒惑出現，占雨無，占晴旱，測事易因財致訟，門吉事吉，門凶事凶。

解：丙為熒惑，指在合作中出現亂子。

此格，合作肯定出口舌是非或官司。

辛加丁

格局為「獄神得奇」，經商求財獲倍利，囚人逢大赦。

解：丁為奇蹟，指被絆之事獲得解決。

此格為情況出現突轉，特別有利求財。

辛加己

格局為「入獄自刑」，奴僕背主，有訴訟難伸。

解：辛為罪人，戌為午火之墓，指因私慾造成錯誤。

此格幫了人會反變仇人，有理難辯。

辛加庚

格局為「白虎出力」，刀刃相交，主客相殘，遜讓退步稍可，強進血濺衣衫。

解：辛庚都是虎，兩虎鬥打，主傷災。

此格宜靜不宜動，動必出災，不利合作。

辛加辛

格局為「伏吟天庭」，公廢私就，訟獄自罹罪名。

解：辛為錯誤，指毛病多多、漏洞百出。

此格主為事自破，進退不果。

辛加壬

格局為「凶蛇入獄」，兩男爭女，訟獄不息，先動失理。

解：壬為凶蛇，辛為牢獄，主犯罪、犯錯。

此格易出婚外情或三角戀，指男女關係引起的口舌是非及鬥爭。

辛加癸

格局為「天牢華蓋」，日月失明，誤入天網，動止乖張。

解：辛為白虎，癸為地網，指因判斷失誤而走錯路。

此格主牢獄是非，出現倒楣之事。

「天盤壬儀」加「地盤天干」

壬加戊

格局為「小蛇化龍」，攀附權貴，男人發達，女產嬰童。

解：此格，利於投資，遇貴人，有人提攜幫助你，或找到了強大的支撐因素，發展要上新台階，是提升之象。

壬加乙

格局為「小蛇得勢」，男人通達，女人柔順，測孕生子，祿馬光華。

解：問題得到別人的幫助。遇此格，事在曲中求，不能直接去辦，以柔克剛，不能急躁。

壬加丙

格局為「水蛇入火」，官災刑禁，禍不單行。

解：此格，壬丙相沖剋，主官災刑禁，口舌是非，忙中出亂子，為客不利。

壬加丁

格局為「干合蛇刑」，文書牽連，貴人匆匆，男吉女凶。

解：丁為文書，丁壬相合，利於合作。

此格利男性，出亂子可望平息。

壬加己

格局為「凶蛇入獄」，大禍將至，順守者吉，詞訟理曲，敗訴。

解：己壬相沖，出現矛盾或口舌是非，容易掉進陷阱。

此乃動格，指鬧出官司，或遭人陷害。

壬加庚

格局為「太白擒蛇」，刑獄公平，立剖邪正。

解：庚為太白，壬為蛇，指事情能分清是非，有正確主見。

此格難以進展，做事有阻之象。

壬加辛

格局為「螣蛇相纏」，縱有吉門也不安，若有謀望，被人欺瞞。

解：指內憂外患，棘手纏人，沒完沒了。

遇此格，麻煩事解決不了。

壬加壬

格局為「蛇入地羅」，外事纏繞，內事索索，吉門吉星免蹉跎，凶門則動盪不安。

解：辰辰自刑，主禍患起於內部，事因勾連愈變愈亂。

此格求謀無成，諸事破敗。

壬加癸

格局為「幼女奸淫」，有家醜聲外揚之事發生，門吉星凶，反福為禍。

解：陰陽交合，主男女曖昧之事招來凶災。

此格指矛盾暴露，諸事不利。

「天盤癸儀」 加「地盤天干」

癸加戊

格局為「天乙會合」，吉門宜求財，婚姻喜美，有貴人相助，若門凶迫，反禍官非。

解：戊為財，戊癸相合，主合作之事有貴人相幫。

此格求財易得，逢門凶迫，與他人他事有牽連惹官司。

癸加乙

格局為「華蓋逢星」，貴人進祿，常人平安，門吉則吉，門凶則凶。

解：癸為地網為華蓋，得日奇相助為吉。

此格臨吉門，則貴人祿位，常人平安。門凶，做事內斂為好。

癸加丙

格局為「華蓋悖師」，貴賤逢之皆不利，上人見喜，常人技藝糊口。

解：丙為亂子，易犯小人，得勢之人能反怒為喜。

此格利主不利客，忌女性參與。

癸加丁

格局為「螣蛇夭矯」，文書官司，火焚也難逃。

解：丁為螣蛇，見癸水為水火不容，主口舌官司、易起爭鬥。

此格合作必散夥。

癸加己

格局為「華蓋地户」，男女測之，音信阻隔，躲災避難為吉。

解：己為陰土為私慾，癸為陰水，純陰不生，指單思或事不成。

此為沖格，不利於客，退守為吉。

癸加庚

格局為「太白入網」，主以暴力爭訟，自罹纏罪責。

解：寅申相沖相刑，主爭鬥之事，互相衝突，辦事遭到破壞。

此為沖格，凡事無成，吉事成空。

癸加辛

格局為「網蓋天牢」，主官司敗訴，死罪難逃，測病亦大凶。

解：辛為錯誤為牢獄，主牢獄或傷災。

此格利靜不利動，易犯嚴重錯誤。

癸加壬

格局為「復見騰蛇」，嫁娶重婚，後嫁無子，不保年華。

解：癸、壬均為水蛇，表示重複之象，沒有結果。

此格主事情一而再地不成功。

癸加癸

格局為「天網四張」，行人失伴，病訟皆傷。

解：癸為天網，也主牢獄、傷災，出行結伴主失散，容易得病。

此格伏吟，不宜動，只宜退避，合作做事，必出問題。

格局

8// 八門加臨原宮八門

「休門」 加臨「原宮八門」

休門臨原宮休門

主求財、進人口，上任、修造亦大利。

休門臨原宮生門

主得陰人財物，謁貴謀望，雖遲也吉。

休門臨原宮傷門

主上官喜慶，求財不得，有親戚分產，變動事不吉。

休門臨原宮杜門

主破財，失物難尋。

休門臨原宮景門

主求文書、印信事不至，反招口舌，小凶。

休門臨原宮死門

主文印、官司事不吉，遠行、僧道事不吉，占病凶。

休門臨原宮驚門

主損財、招非、疾病、驚恐事。

休門臨原宮開門

主開張店舖及見貴、求財等喜事，大吉。

「生門」 加臨「原宮八門」

生門臨原宮休門

主陰人處求謀財利，吉。

生門臨原宮生門

主遠行、求財、生育，吉。

生門臨原宮傷門

主親友變動、道路，不吉。

生門臨原宮杜門

主陰謀、陰人破財，不利。

生門臨原宮景門

主陰人、小口不寧及文書事，後吉。

生門臨原宮死門

主田宅官司，病主難救。

生門臨原宮驚門

主尊長財產、詞訟，病遲癒，吉。

生門臨原宮開門

主見貴人，求財大發。

「傷門」 加臨「原宮八門」

傷門臨原宮休門

主男人變動或託人辦事，財名不利。

傷門臨原宮生門

主房產、種植事業，凶。

傷門臨原宮傷門

主變動、遠行折傷，凶。

傷門臨原宮杜門

主變動、失脱、官司、桎梏，百事凶。

傷門臨原宮景門

主文書、印信、口舌、惹是生非。

傷門臨原宮死門

主官司、印信凶，出行大忌，占病凶。

傷門臨原宮驚門

主親人疾病憂驚、謀伐不利，凶。

傷門臨原宮開門

主見貴人、開張、走失、變動之事不利。

「杜門」 加臨「原宮八門」

杜門臨原宮休門

主求財有益。

杜門臨原宮生門

主男人、小口破財，田宅求財不利。

杜門臨原宮傷門

主兄弟相爭、破財不利。

杜門臨原宮杜門

主因父母疾病、田宅出脫事，凶。

杜門臨原宮景門

主文書、印信阻隔，男人、小口疾病，遲疑不利。

杜門臨原宮死門

主田宅文書失落、官司破財，小凶。

杜門臨原宮驚門

主門户內憂疑驚恐，並有詞訟事。

杜門臨原宮開門

主見貴人官長，謀事主先破己財，後吉。

「景門」 加臨「原宮八門」

景門臨原宮休門

主文書遺失、爭訟不休。

景門臨原宮生門

主陰人生產大喜，更主求財旺利，行人皆吉。

景門臨原宮傷門

主姻親、小口口舌。

景門臨原宮杜門

主失脫文書、敗財後平。

景門臨原宮景門

主文狀未動有預先見之意，內有男人、小口憂患。

景門臨原宮死門

主官訟，因田宅事相爭，惹麻煩。

景門臨原宮驚門

主官訟，女人、小口疾病，凶。

景門臨原宮開門

主官人升遷吉，求文印更吉。

「死門」 加臨「原宮八門」

死門臨原宮休門

主求財物事不吉，若問僧道求方吉。

死門臨原宮生門

主喪事，求財得，占病死而復生。

死門臨原宮傷門

主官司動而被刑杖，凶。

死門臨原宮杜門

主破財、婦人風疾、腹腫、阻絕，凶。

死門臨原宮景門

主因文契、印信、財產事見官，先怒後喜，不凶。

死門臨原宮死門

主官事稽留、印信無氣，凶。

死門臨原宮驚門

主因官司不結，憂疑患病，凶。

死門臨原宮開門

主見貴人，求印信、文書事大利。

「驚門」 加臨「原宮八門」

驚門臨原宮休門

主求財事或口舌事，遲吉。

驚門臨原宮生門

主因婦人生產或求財事驚憂，皆吉。

驚門臨原宮傷門

主因商議同謀害人，事泄惹訟，凶。

驚門臨原宮杜門

主因失脱破財驚恐，不凶。

驚門臨原宮景門

主詞訟不息、小口疾病，凶。

驚門臨原宮死門

主因宅中怪異而生是非，凶。

驚門臨原宮驚門

主疾病、憂慮、驚恐。

驚門臨原宮開門

主官司憂疑，能見貴人不凶。

「開門」 加臨「原宮八門」

開門臨原宮休門

主貴人財喜及開張舖店，貿易大利。

開門臨原宮生門

主見貴人，謀望所求遂意。

開門臨原宮傷門

主變動、更改、移徙，事皆不吉。

開門臨原宮杜門

主失脱，刊印書契，小凶。

開門臨原宮景門

主見貴人，因文書不利。

開門臨原宮死門

主官司驚憂，先憂後喜。

開門臨原宮驚門

主百事不利。

開門臨原宮開門

主貴人寶物財喜。

格局

9// 八門加臨三奇六儀

「休門」加臨「三奇六儀」

休門臨天干戊

主財物和合。

休門臨天干乙

主求謀重不得，求輕可得。

休門臨天干丙

主文書和合喜慶。

休門臨天干丁

主百訟休歇。

休門臨天干己

主暗昧不寧，後吉。

休門臨天干庚

主文書詞訟先結後解。

休門臨天干辛

主疾病遲癒，失物不得。

休門臨天干壬

主口角是非、詞訟牽連。

休門臨天干癸

主陰人詞訟牽連。

「生門」 加臨「三奇六儀」

生門臨天干戊

主嫁娶、求財、謁貴皆吉。

生門臨天干乙

主陰人生產，遲吉。

生門臨天干丙

主貴人印綬、婚姻、書信喜事。

生門臨天干丁

主詞訟、婚姻、財利大吉。

生門臨天干己

主得貴人維持，吉。

生門臨天干庚

主財產爭訟破產，不利。

生門臨天干辛

主產婦疾病，後吉。

生門臨天干壬

主遺失財後得、賊盜易獲。

生門臨天干癸

主婚姻不成，餘事皆吉。

「傷門」加臨「三奇六儀」

傷門臨天干戊

主失脫難獲。

傷門臨天干乙

主求謀不得，反防盜失財。

傷門臨天干丙

主道路損失。

傷門臨天干丁

主音信不至。

傷門臨天干己

主財散、人病。

傷門臨天干庚

主訟獄被刑杖，凶。

傷門臨天干辛

主夫妻懷私恣怨。

傷門臨天干壬

主囚盜牽連。

傷門臨天干癸

主訟獄被冤，有理難伸。

「杜門」 加臨「三奇六儀」

杜門臨天干戊

主謀事不成，秘處求財得。

杜門臨天干乙

宜暗求男人財物，得主不明致訟。

杜門臨天干丙

主文契遺失。

杜門臨天干丁

主男人訟獄。

杜門臨天干己

主私謀害人招非。

杜門臨天干庚

主因女人訟獄被刑。

杜門臨天干辛

主打傷人、詞訟、男人、小口，凶。

杜門臨天干壬

主奸盜事，凶。

杜門臨天干癸

主百事皆阻、病者不食。

「景門」 加臨「三奇六儀」

景門臨天干戊

主財產詞訟，遠行吉。

景門臨天干乙

主訟事不成。

景門臨天干丙

主文書急迫、火速不利。

景門臨天干丁

主因文書、印狀招非。

景門臨天干己

主官司牽連。

景門臨天干庚

主訟人自訟。

景門臨天干辛

主陰人詞訟。

景門臨天干壬

主因賊牽連。

景門臨天干癸

主因奴婢受刑。

「死門」 加臨「三奇六儀」

死門臨天干戊

主作偽財。

死門臨天干乙

主求事不成。

死門臨天干丙

主信息憂疑。

死門臨天干丁

主老陽人疾病。

死門臨天干己

主病、訟牽連不已，凶。

死門臨天干庚

主女人生產，母子俱凶。

死門臨天干辛

主盜賊失脫難獲。

死門臨天干壬

主訟人自訟自招。

死門臨天干癸

主婦女嫁娶事凶。

「驚門」加臨「三奇六儀」

驚門臨天干戊

主損財、信阻。

驚門臨天干乙

主謀財不得。

驚門臨天干丙

主文書、印信驚恐。

驚門臨天干丁

主詞訟牽連。

驚門臨天干己

主惡犬傷人成訟。

驚門臨天干庚

主道路損折，遇賊盜，凶。

驚門臨天干辛

主女人成訟，凶。

驚門臨天干壬

主官司囚禁，病者大凶。

驚門臨天干癸

主被盜，失物難獲。

「開門」 加臨「三奇六儀」

開門臨天干戊

主財名俱得。

開門臨天干乙

主小財可求。

開門臨天干丙

主貴人印綬。

開門臨天干丁

主遠信必至。

開門臨天干己

主事緒不定。

開門臨天干庚

主道路詞訟，謀為兩歧。

開門臨天干辛

主陰人道路。

開門臨天干壬

主遠行有失，注意破財。

開門臨天干癸

主陰人失財，小凶。

格局

10 // 天干關係表

天干關係表

天干陰陽	
陽	陰
甲	乙
丙	丁
戊	己
庚	辛
壬	癸

天干五行		
天干		五行
甲	乙	木
丙	丁	火
戊	己	土
庚	辛	金
壬	癸	水

天干相合（化合）		
甲	己	化土局
乙	庚	化金局
丙	辛	化水局
丁	壬	化木局
戊	癸	化火局

天干相剋				
甲	乙	▷	戊	己
丙	丁	▷	庚	辛
戊	己	▷	壬	癸
庚	辛	▷	甲	乙
壬	癸	▷	丙	丁

格局

11// 地支關係表

地支關係表

地支陰陽	
陽	陰
子	丑
寅	卯
辰	巳
午	未
申	酉
戌	亥

地支五行			
地支	五行	地支	五行
子	水	午	火
丑	土	未	土
寅	木	申	金
卯	木	酉	金
辰	土	戌	土
巳	火	亥	水

地支生肖

地支	生肖	地支	生肖
子	鼠	午	馬
丑	牛	未	羊
寅	虎	申	猴
卯	兔	酉	雞
辰	龍	戌	狗
巳	蛇	亥	豬

地支相對天干

地支	天干	地支	天干
子	壬	午	丙
丑	己	未	己
寅	甲	申	庚
卯	乙	酉	辛
辰	戊	戌	戊
巳	丁	亥	癸

地支六合		
子	丑	合土局
寅	亥	合木局
卯	戌	合火局
午	未	合火局
辰	酉	合金局
巳	申	合水局

地支六沖	
子	午
丑	未
寅	申
卯	酉
辰	戌
巳	亥

地支六破	
子	酉
午	卯
申	巳
寅	亥
辰	丑
戌	未

地支六害	
子	未
丑	午
寅	巳
申	亥
卯	辰
酉	戌

地支三合			
亥	卯	未	合木局
寅	午	戌	合火局
巳	酉	丑	合金局
申	子	辰	合水局

地支相刑			
寅	巳	子	卯
巳	申	午	午
申	寅	辰	辰
丑	戌	酉	酉
戌	未	亥	亥
未	丑		

地支四絕		
寅	酉	金絕
申	卯	木絕
巳	子	水絕
亥	午	火絕

地支時辰對照			
子	11pm - 1am	午	11am - 1pm
丑	1am - 3am	未	1pm - 3pm
寅	3am - 5am	申	3pm - 5pm
卯	5am - 7am	酉	5pm - 7pm
辰	7am - 9am	戌	7pm - 9pm
巳	9am - 11am	亥	9pm - 11pm

格局

12 // 奇門起局

奇門起局

1 排四柱

於網上查找年、月、日、時的干支。

例： 年：癸卯

月：乙卯

日：辛巳

時：己丑

2 找空亡

以時辰找出空亡（例：己丑時）。

- 在地支掌找出時支的位置，地支掌上的十二地支位置是固定的，由無名指最低一節起排「子」順時針方向數過去，排到最後是「亥」，在尾指最低的第一節（見右頁圖）。
- 例：己丑時，在中指末端接手掌位置（時支丑的位置），以拇指按在此處由時干「己」推數，數至「癸」為盡。
- 即「己」、庚、辛、壬、「癸」，要順時針方向推。
「癸」落在食指第一節「巳」的指節位置。

- 之後順推的兩個地支便是空亡。

  例：午未空亡。

  註：或可用「空亡旬首表」（見201頁圖），直接找出空亡。

地支掌

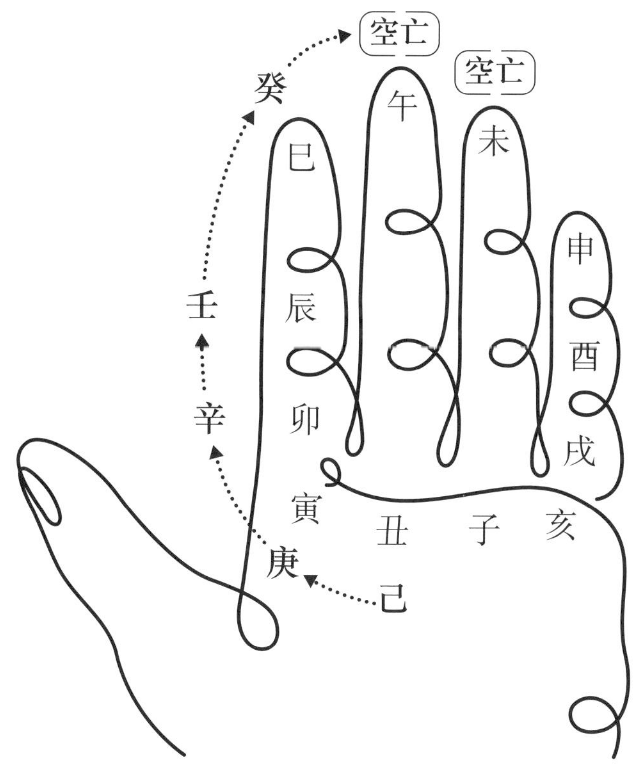

3 六旬首

空亡之後的地支便是旬。

- 六旬首：甲子戊、甲戌己、甲申庚、甲午辛、甲辰壬、甲寅癸。

  例：午未空亡，未推後為「申」，旬首為「甲申庚」。

  註：或可用「空亡旬首表」（見201頁圖），直接找出旬首。

地支掌

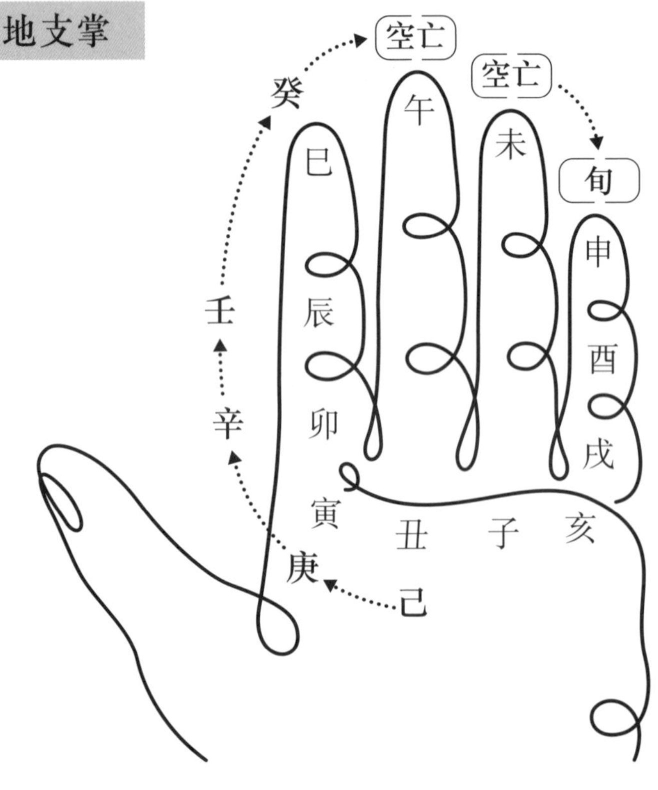

「空亡旬首表」

旬首		六十甲子時辰										空亡	宮位
甲子	戊	甲子	乙丑	丙寅	丁卯	戊辰	己巳	庚午	辛未	壬申	癸酉	戌亥	乾
甲戌	己	甲戌	乙亥	丙子	丁丑	戊寅	己卯	庚辰	辛巳	壬午	癸未	申酉	坤兑
甲申	庚	甲申	乙酉	丙戌	丁亥	戊子	己丑	庚寅	辛卯	壬辰	癸巳	午未	離坤
甲午	辛	甲午	乙未	丙申	丁酉	戊戌	己亥	庚子	辛丑	壬寅	癸卯	辰巳	巽
甲辰	壬	甲辰	乙巳	丙午	丁未	戊申	己酉	庚戌	辛亥	壬子	癸丑	寅卯	艮震
甲寅	癸	甲寅	乙卯	丙辰	丁巳	戊午	己未	庚申	辛酉	壬戌	癸亥	子丑	坎艮

4 定陰遁甲的局數

用開盤那一刻的年、月、日、時來找出局數。

- 年（四柱地支）：

子	丑	寅	卯	辰	巳	午	未	申	酉	戌	亥
1	2	3	4	5	6	7	8	9	10	11	12

- 月（四柱地支）：

子	丑	寅	卯	辰	巳	午	未	申	酉	戌	亥
11	12	1	2	3	4	5	6	7	8	9	10

- 日：農曆日數，如初九為「9」，農曆廿八為「28」

- 時（四柱地支）：

子	丑	寅	卯	辰	巳	午	未	申	酉	戌	亥
1	2	3	4	5	6	7	8	9	10	11	12

例：卯年 4 + 卯月 2 + 初三 3 + 丑時 2 = 11

奇門局數是由一至九局，以總數除以「9」，再取餘數。

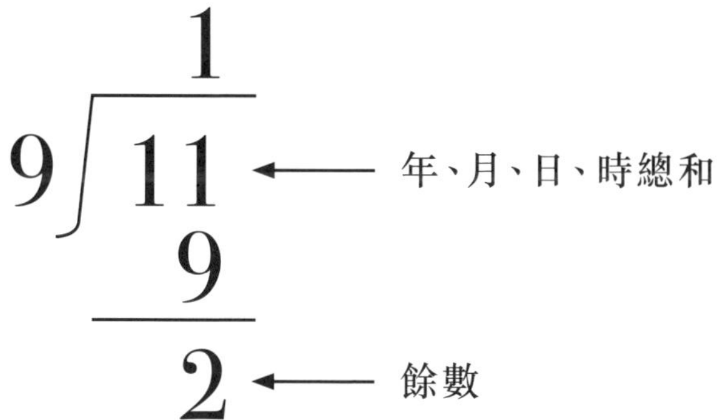

餘數是「2」，局數為「二局」；

「夏至」開始至「大雪」結束為「陰局」；

「冬至」開始至「芒種」結束為「陽局」；

以上例子是「陽二局」。

註：如總數可被「9」除盡，無餘數為「九局」。

5 排地盤天干

天干排列次序為戊、己、庚、辛、壬、癸、丁、丙、乙。

地盤天干由局數的宮位開始排，陽順陰逆（宮位數）。

例一：陽二局由2宮開始排戊，然後3-己、4-庚、5-辛、6-壬、7-癸、8-丁、9-丙、1-乙。（陽局順排）

註：5宮的天干飛至2宮。

- 把辛寫在2宮地盤天干戊的右面，成為戊辛（寄宮）。

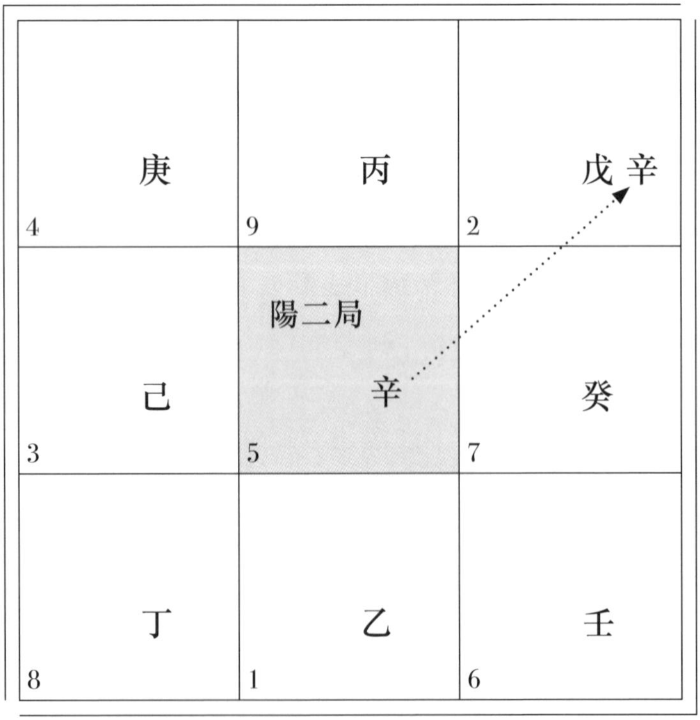

庚 4	丙 9	戊 辛 2
己 3	陽二局 辛 5	癸 7
丁 8	乙 1	壬 6

例二：陽八局由8宮開始排戊，然後9-己、1-庚、2-辛、3-壬、4-癸、5-丁、6-丙、7-乙。(陽局順排)

註：5宮的天干飛至2宮。

- 把丁寫在2宮地盤天干辛的右面，成為辛丁(寄宮)。

癸 4	己 9	辛 丁 2
壬 3	陽八局 丁 5	乙 7
戊 8	庚 1	丙 6

例三：陰四局由4宮開始排戊，然後3-己、2-庚、1-辛、9-壬、8-癸、7-丁、6-丙、5-乙。(陰局逆排)

註：5宮的天干飛至2宮。

- 把乙寫在2宮地盤天干庚的右面，成為庚乙(寄宮)。

戊 4	壬 9	庚 乙 2
己 3	陰四局 乙 5	丁 7
癸 8	辛 1	丙 6

例四：陰六局由6宮開始排戊，然後5-己、4-庚、3-辛、2-壬、1-癸、9-丁、8-丙、7-乙。(陰局逆排)

註：5宮的天干飛至2宮。

- 把己寫在2宮地盤天干壬的右面，成為壬己 (寄宮)。

庚 4	丁 9	壬 己 2
辛 3	陰六局 己 5	乙 7
丙 8	癸 1	戊 6

6 值符星：旬首原宮的星

九星原宮圖

輔 4	英 9	芮 2
沖 3	5	柱 7
任 8	篷 1	心 6

九星原宮次序：篷、任、沖、輔、英、芮、柱、心（禽星不用排上），由坎1宮順時針排起。

例一：找出此局值符星，甲申庚旬，庚為首落巽4宮，巽4宮原宮是天輔星，此為值符星，在5宮寫上「值符：輔」。

<table>
<tr><td>原宮：輔星
庚
4</td><td>丙
9</td><td>戊 辛
2</td></tr>
<tr><td>己
3</td><td>辛
陽二局
甲申庚旬
值符：輔
5</td><td>癸
7</td></tr>
<tr><td>丁
8</td><td>乙
1</td><td>壬
6</td></tr>
</table>

例二：找出此局值符星，甲戌己旬，己為首落離9宮，離9宮原宮是天英星，此為值符星，在5宮寫上「值符：英」。

癸 4	原宮：英 己 9	辛 丁 2
壬 3	丁 陽八局 甲戌己旬 值符：英 5	乙 7
戊 8	庚 1	丙 6

7 值使門：旬首原宮的門

八門原宮圖

杜 4	景 9	死 2
傷 3	 5	驚 7
生 8	休 1	開 6

八門原宮次序：休、生、傷、杜、景、死、驚、開。

例一：找出此局值使門，甲申庚旬，庚落巽4宮，巽4宮原宮是杜門，此為值使門，在5宮寫上「值使：杜」。

原宮：杜門 庚 4	丙 9	戊 辛 2
己 3	辛 陽二局 甲申庚旬 值使：杜 5	癸 7
丁 8	乙 1	壬 6

例二：找出此局值使門，甲戌己旬，己落離9宮，離9宮原宮是景門，此為值使門，在5宮寫上「值使：景」。

癸 4	原宮：景門 己 9	辛 丁 2
壬 3	丁 陽八局 甲戌己旬 值使：景 5	乙 7
戊 8	庚 1	丙 6

8 九星

九星跟時干走。

九星次序：篷、任、沖、輔、英、芮、柱、心（禽星不用排上）。

排九星，在地盤時干落宮，由值符星開始依九星次序順時針方向排（不論陽局或陰局也是順時針方）。

例：己丑時，時干己落3宮，由值符星「輔」開始依次序排。

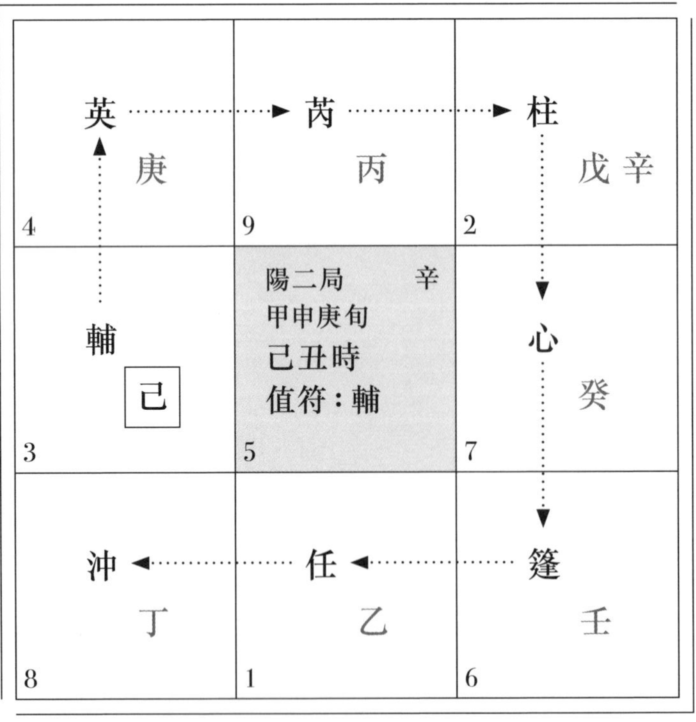

9 天盤天干

天盤天干跟九星走。

由坎1宮開始排，此局1宮臨任星，任星原宮在8宮，現8宮的地盤天干為丁，1宮的天盤天干便是丁。8宮臨沖星，沖星原宮在3宮，現3宮的地盤天干為己，8宮的天盤天干便是己。3宮臨輔星，輔星原宮在4宮，現4宮的地盤天干為庚，3宮的天盤天干便是庚。餘此類推把地盤天干順時針排成天盤天干。

英 丙 庚 4	芮 戊辛 丙 9	柱 癸 戊辛 2
輔 庚 己 3	陽二局 辛 甲申庚旬 己丑時 值符：輔 5	心 壬 癸 7
沖 己 丁 8	任 丁 乙 1	篷 乙 壬 6

10 八門

八門跟時支走。

排八門，在旬首的地盤天干落宮，由旬首的地支開始，依宮位數（陽順陰逆）數至時支落宮，該宮位為值使門落宮位置。

例：本局「甲申庚」旬，於地盤天干「庚」4宮由地支「申」開始，依宮位數順數（陽局）4宮申、5宮酉、6宮戌、7宮亥、8宮子，數至9宮時支「丑」為值使「杜門」所落宮位。

申 英 丙 庚 4	丑 芮 戊 辛 杜 丙 9	柱 癸 戊 辛 2
輔 庚 己 3	陽二局 辛 甲申庚旬 酉 己丑時 值使：杜 5	亥 心 壬 癸 7
子 沖 己 丁 8	任 丁 乙 1	戌 篷 乙 壬 6

定了9宮為值使門「杜門」，便由杜門開始依次序順時針方向排餘下的八門。

八門次序：休、生、傷、杜、景、死、驚、開。

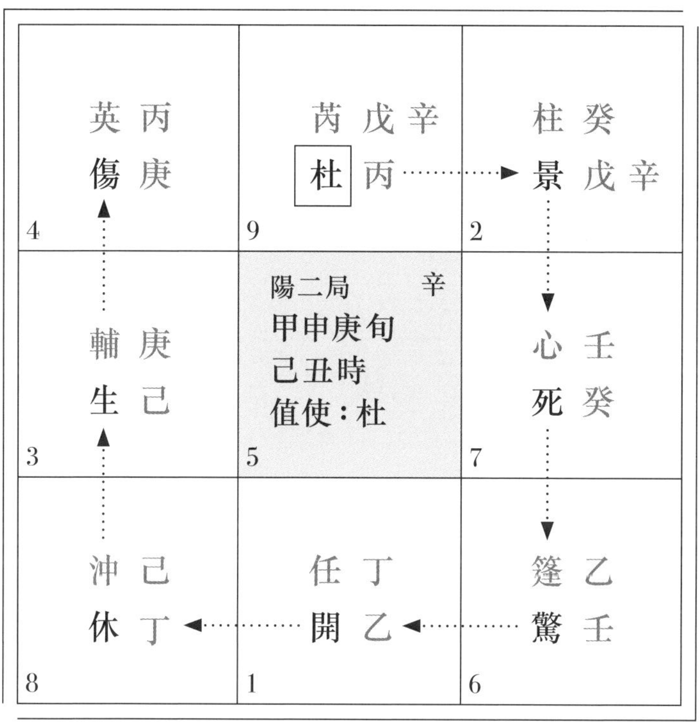

八神順序圖

合 4	虎 9	武 2
陰 3	 5	九 7
蛇 8	符 1	天 6

八神次序：符、蛇、陰、合、虎、武、九、天。

11 天盤八神

八神跟旬首走。

排天盤八神，天盤八神在旬首的天盤天干落宮，由「值符」開始依次序排（陽順陰逆）。

例：此局甲申庚旬，天盤天干「庚」落3宮，「值符」在3宮開始順時針（陽局）依次序排符、蛇、陰、合、虎、武、九、天。

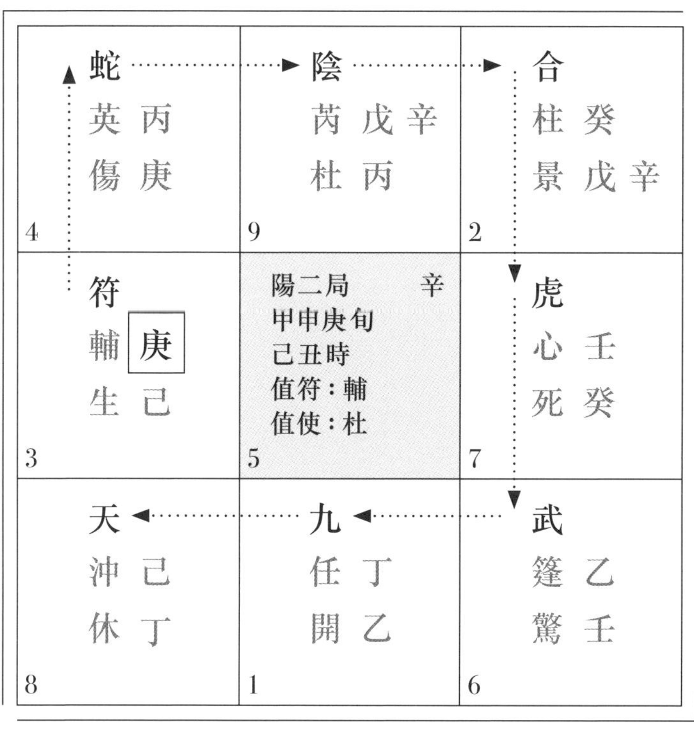

12 地盤八神

八神跟旬首走。

排地盤八神，地盤八神在旬首的地盤天干落宮，由「值符」開始依次序排（陽順陰逆）。

例：此局甲申庚旬，地盤天干「庚」落4宮，「值符」在4宮開始順時針（陽局）依次序排符、蛇、陰、合、虎、武、九、天。

蛇 符 英 丙 傷 庚 4	陰 蛇 芮 戊 辛 杜 丙 9	合 陰 柱 癸 景 戊 辛 2
符 天 輔 庚 生 己 3	陽二局 辛 甲申庚旬 己丑時 值符：輔 值使：杜 5	虎 合 心 壬 死 癸 7
天 九 沖 己 休 丁 8	九 武 任 丁 開 乙 1	武 虎 篷 乙 驚 壬 6

13 引干

時干放值使門落宮為引干，其他天盤天干依時干落宮順時針方向排。

例：排引干，此局時干是「己」，把「己」寫在值使門「杜」門所落的離9宮，依天盤天干所落宮位的次序順排至引干位置，即2宮排「庚」、7宮排「丙」，餘此類推。

蛇 符 丁 英 丙 傷 庚 4	陰 蛇 己 芮 戊 辛 杜 丙 9	合 陰 庚 柱 癸 景 戊 辛 2
符 天 乙 輔 庚 生 己 3	陽二局 辛 甲申庚旬 己丑時 值符：輔 值使：杜 5	虎 合 丙 心 壬 死 癸 7
天 九 壬 沖 己 休 丁 8	九 武 癸 任 丁 開 乙 1	武 虎 戊 辛 篷 乙 驚 壬 6

14 擊刑

天干落在下列宮位為擊刑，以紅筆寫上「刑」。

宮位	2宮	3宮	4宮	8宮	9宮
天干	己	戊	壬/癸	庚	辛

或 出現以下相同天干為自刑。

相同天干	辛辛	壬壬

註：引干除外

15 入墓

天干落在下列宮位為入墓，以紅筆寫上「墓」。

宮位	2宮	4宮	6宮	8宮
天干	甲/乙/癸	辛/壬	乙/丙/戊	丁/己/庚

註：引干除外

16 門迫

八門所屬五行（金、木、水、火、土）剋所落宮位五行為門迫。

例：生門（屬土）落坎一宮（屬水）為門迫。

宮位	1宮	2宮	3宮	4宮	6宮	7宮	8宮	9宮
八門	生/死	傷/杜	驚/開	驚/開	景	景	傷/杜	休

17 馬星

馬星跟時支走。

與時支所屬三合的首個地支對沖的宮位為馬星落宮。

三合	為首	對沖宮為「馬星」落宮
寅午戌	寅	申
巳酉丑	巳	亥
申子辰	申	寅
亥卯未	亥	巳

寅、巳、申、亥為四圍宮臨馬星。

例：未時-未的三合為「亥卯未」，亥的對沖宮位「巳」為馬星落宮。

例一：對照「空亡旬首表」、「擊刑」、「入墓」、「馬星」及「門迫」的圖表，以紅筆在該宮位寫上：

- 「空亡」：午未「空亡」
- 「馬星」：己丑時以三合「巳酉丑」的「巳」對沖宮位「亥」為「馬星」落宮
- 「擊刑」：9宮見「辛」
- 「入墓」：2宮見「癸」、6宮見「乙」、8宮見「丁」
- 「門迫」：查畢對照表八門的位置，此局沒有「門迫」

蛇 符 丁 英 丙 傷 庚 4	陰 蛇 空 己 芮 戊辛 杜 丙 9 刑	合 陰 空 庚 柱 癸 景 戊辛 2 墓
符 天 乙 輔 庚 生 己 3	辛 陽二局 甲申庚旬 己丑時 輔 5 杜	虎 合 丙 心 壬 死 癸 7
天 九 壬 沖 己 休 丁 8 墓	九 武 癸 任 丁 開 乙 1	馬 武 虎 戊辛 篷 乙 驚 壬 6 墓

例二：對照「空亡旬首表」、「擊刑」、「入墓」、「馬星」及「門迫」的圖表，再以紅筆在該宮位寫上：

- 「空亡」：申酉「空亡」
- 「馬星」：乙亥時以三合「亥卯未」的「亥」對沖宮位「巳」為「馬星」落宮
- 「擊刑」：4宮見「癸」
- 「入墓」：2宮見「癸」；6宮見「丙」
- 「門迫」：3宮見「驚」；4宮見「開」；9宮見「休」

馬 武 天 戊 任 戊 開 癸 4 迫 刑	九 符 癸 沖 壬 休 己 9 迫	天 蛇 空 丙 輔 癸 己 生 辛 丁 2 墓
虎 九 乙 篷 庚 驚 壬 3 迫	辛 陽八局 甲戌己旬 乙亥時 英 5 景	符 陰 空 辛 英 己 傷 乙 7
合 武 壬 心 丙 死 戊 8	陰 虎 丁 柱 乙 景 庚 1	蛇 合 庚 芮 辛 丁 杜 丙 6 墓

例三：對照「空亡旬首表」、「擊刑」、「入墓」、「馬星」及「門迫」的圖表，以紅筆在該宮位寫上：

- 「空亡」：寅卯「空亡」
- 「馬星」：壬子時以三合「申子辰」的「申」對沖宮位「寅」為「馬星」落宮
- 「擊刑」：2宮見「辛辛」；3宮見「壬壬」；4宮見「癸」
- 「入墓」：6宮見「丙」
- 「門迫」：1宮見「死」；2宮見「傷」；3宮見「開」；6宮見「景」

蛇 蛇 庚 輔 癸 休 癸 4 刑	陰 陰 戊 英 己 生 己 9	合 合 壬 芮 辛 丁 傷 辛 丁 2 迫 刑
符 符 空 丙 沖 壬 開 壬 3 迫 刑	丁 陽八局 甲辰壬旬 壬子時 沖 5 傷	虎 虎 癸 柱 乙 杜 乙 7
馬 天 天 空 乙 任 戊 驚 戊 8	九 九 辛 篷 庚 丁 死 庚 1 迫	武 武 己 心 丙 景 丙 6 迫 墓

例四：對照「空亡旬首表」、「擊刑」、「入墓」、「馬星」及「門迫」的圖表，再以紅筆在該宮位寫上：

- 「空亡」：午未「空亡」
- 「馬星」：丙戌時以三合「寅午**戌**」的「寅」對沖宮位「申」為「馬星」落宮
- 「擊刑」：4宮見「癸」
- 「入墓」：2宮見「乙」；6宮見「乙丙」
- 「門迫」：1宮見「生」；8宮見「傷」

虎 陰 丁 任 癸 景 戊 4 刑	合 蛇 空 丙 沖 己 死 壬 9	馬 陰 符 空 辛 輔 戊 驚 庚 乙 2 墓
武 合 庚 篷 辛 乙 杜 己 3	乙 陰四局 甲申庚旬 丙戌時 芮 5 死	蛇 天 癸 英 壬 開 丁 7
九 虎 壬 心 丙 傷 癸 8 迫	天 武 戊 柱 丁 生 辛 1 迫	符 九 己 芮 庚 乙 休 丙 6 墓

奇門遁甲實例
斷法詳解

＊案例中所有人物、公司或機構稱呼皆為化名以保障當事人私隱。

案例1 三角關係

2016/07/29 — 15:30

年	丙申
月	乙未
日	壬子
時	戊申

陰 武 丁 柱 丙 景 己 4	蛇 虎 庚 心 乙 死 癸 9	符 合 己 篷 壬 驚 辛 戊 2 墓
合 九 空 壬 芮 辛 戊 杜 庚 3 刑	戊 陰五局 甲辰壬旬 戊申時 篷 5 休	天 陰 癸 任 丁 開 丙 7
馬 虎 天 空 乙 英 癸 傷 丁 8 迫 墓	武 符 丙 輔 己 生 壬 1 迫	九 蛇 辛 沖 庚 戊 休 乙 6 墓

先找動點：震宮六合、天芮星，艮宮馬星、傷門、白虎，坤宮天盤天干壬、地盤天干辛戊、天篷星。

斷症：當事人感情處於三角關係，不知如何取捨。

詳解：戴小姐面露難色，有點向我抱怨：「年初來問姻緣時，雖然你已經提過今年來的桃花結不了果，但今次遇到的條件真的很合我意，我捨不得放手。」日干壬為當事人，壬乃是海中一座孤島，戴小姐現正茫茫然不知方向。落坤宮驚門為擔驚受怕，宮位見三人同行，遇天篷星為大賊，六合見沖，這段感情看來十分不理想。再看看戴小姐的男朋友，天盤天干為表象，丁為細心的情人，地盤天干為本質，丙為大男人性格，太陰為保護亦為收藏，天任財星臨開門，指此人出手闊綽，膽大心細，落兑宮為口，九天臨開門為口才了得。戴小姐上個月在一個國際性的領導訓練營中，與來自新加坡、被公司保送至香港作為升職前培訓的「他」遇上。戴小姐形容，這短短一星期的相處，是她人生中三十年來最刻骨銘心的日子，即使男方坦白承認是有家室之人，

戴小姐依然抱着一絲希望，為自己找出一個說法，問：「他是知道很快便要回新加坡才這樣說吧！他真的是有太太嗎？」感情看六合，天盤為現時狀態，落震宮見天芮星為複雜、多人參與，辛為錯誤。再看坤宮地盤為當事人本質，再遇辛戊寄宮，見天篷星臨驚門，說明當事人在自欺欺人。震宮引干壬為下一步，也是飛到坤宮，月干為朋友，生當事人為泄氣；天輔星為師父，被當事人所剋，指當事人將不會聽取別人勸告而明知故犯。坤宮引干己為不正當想法，「他的太太長得怎麼樣？他們的感情好不好？」天干乙為妻落離宮見螣蛇漂亮，地盤天干癸臨死門指長得不高，白虎加庚為皮膚白皙。乾宮休門為婚姻，見庚乙同宮指夫妻爭吵多，引干辛戊多人關係。離宮乙對丈夫庚常加管束。2012、2013年婚姻出現危機，夫妻關係見引干丁加景門為婚姻證書沖剋，感情觸礁但離不了婚。戴小姐滿懷希望地說：「他果然沒有騙我，他說和太太已經沒有愛情，留下來的只有責任。他會為我留在香港嗎？」兌宮引干癸下一步飛到艮宮，帶馬星動象，2016年被沖到戴小姐這邊來，宮位空亡、入墓，加上傷門為交通臨門迫，短時間內暫且會留下來，但地盤天干丁為基本，男友會兩地奔走來處理兩段關係。其實戴小姐各方面條件可算不俗，而且今年還有另一段桃花即將來臨，奉勸她不必固執於這段感情，擦亮眼睛看看四周風景，在完全清醒的狀態下做的決定才不會令自己有所遺憾。

案例2 官訟是非

2016/09/05 — 23:42

年	丙申
月	丙申
日	辛卯
時	戊子

陰 天 乙 篷 壬 景 己 4 刑 墓	蛇 九 空 壬 任 丁 死 癸 9	符 武 空 丁 沖 庚 驚 辛 戊 2 墓
合 符 丙 心 乙 杜 庚 3	戊 陰五局 甲申庚旬 戊子時 沖 5 傷	天 虎 庚 輔 己 開 丙 7
馬 虎 蛇 辛 柱 丙 戊 傷 丁 8 迫 墓	武 陰 癸 芮 辛 戊 生 壬 1 迫	九 合 己 英 癸 休 乙 6 墓

先找動點：巽宮壬己、天篷星、景門，離宮空亡，艮宮馬星，坤宮驚門、庚辛。

斷症：當事人因文件出現問題發生官訟是非。艮宮為動象，丙+丁格局星奇朱雀，貴人文書吉利。當事人面前出現一個耀目生輝的機會，然而臨傷門門迫，再加白虎、破軍星，此仗成王敗寇，事關重大。馬星臨宮沖2016、2017年應象。

詳解：許先生為保險公司高層人士，公司業績與個人入息掛鈎。多年前開始，許先生每年都為同一件事來找我，公司要求他的業績按年度以倍數遽增，他披荊斬棘後官運一直扶搖直上，今年年初更接到通知，若本年業績理想，將獲委任副行政總裁一職。然而這個晉升條件已經成為不可能完成的任務，2016年的指標達到天文數字，時干甲子戊落坎宮臨生門門迫，農曆五月離宮見九地、空亡，上半年業績遠低於預期，而且禍不單行。六、七月坤宮臨驚門，被艮宮白虎、柱星帶馬星所沖，幾個業績未能達標的代理聯署告發許先生的部門與一些機構合作進行虛假交易，坤宮辛

戊為官司破財，驚門為口角是非，此事鬧得很大，幸好宮位空亡，最後總公司出面調停，才不致鬧上法庭要負上刑事責任。事件表面上得到解決，但許先生在公司的權力和名聲都因而受到重大衝擊，下半年的業績表現是唯一能夠挽回他在公司地位的轉機。開門為工作落兑宮生當事人，兑宮天輔星為教育、保險，己為計劃，九天為海外，盡快推出一些海外教育類保險產品，生意會有意想不到的收益。此外引干庚乃許先生工作上的一大障礙，天盤天干庚落坤宮見戊，格局為天乙伏宮，百事不可謀，大凶。之前與其他機構的合作關係必須立刻終止，否則到年終艮宮受剋的時候，太歲要拿人治罪，便任何人都保他不住，現在應盡快把不正常的業務好好清理，人事上也要作出適當整頓，再替他把凶象化解。中秋過後再推出另一個產品，乾宮天干癸為走路慢，乙為彎腰站不直，九地為老人，臨休門，另一系列專為內地而設的退休計劃，將能為許先生全年業績推前邁進一大步。縱使難關重重，辛是錯誤，也代表改革，只要能及時糾正錯誤，柳暗花明又一村，坐上副行政總裁之位的機會，依然是屬於他的。

案例3 人際關係

2017/03/04 — 18:23

年	丁酉
月	壬寅
日	庚寅
時	乙酉

天 蛇 乙 任 丙 傷 辛 4 墓	符 陰 空 己 沖 庚 壬 杜 乙 9	蛇 合 空 丁 輔 辛 景 己 壬 2 刑
九 符 辛 篷 戊 生 庚 3 刑	壬 陽一局 甲申庚旬 乙酉時 沖 5 傷	陰 虎 癸 英 乙 死 丁 7
武 天 庚 心 癸 休 丙 8	虎 九 丙 柱 丁 開 戊 1	馬 合 武 戊 芮 己 壬 驚 癸 6

先找動點：震宮天篷星、戊庚，坤宮六合、景門，乾宮馬星、玄武。

斷症：當事人被多方面的人際關係所纏繞，結中有結，難分難解。

詳解：于小姐的公關公司在去年年終接到了幾樁大生意，其中一項在農曆七月，為一間娛樂公司客户，成功把旗下王牌藝人即將被傳媒公開的不利緋聞，掩蓋得天衣無縫。坤宮見寄宮，辛＋己格局：入獄自刑，奴僕背主，有訴訟難伸；辛＋壬格局：凶蛇入獄，兩男爭女，訟獄不息，先動失理。桃色糾紛往往令藝人一沉不起，所謂一子錯滿盤皆落索，景帶刑，消息一旦公開，王牌藝人聲譽必損無疑。當時拆解之法，坤宮螣蛇加天輔星為藝術、扭動，令人眼花繚亂，立即安排藝人到外地進修，並對外宣稱要完成一些學術上的心願，天輔星加景門為學業成績；回來後隨即傳出婚訊去轉移公眾視線，六合臨景門為結婚證書。娛樂圈新聞只求新鮮，農曆八月十五過後，天英星臨死門，事件平息得無影無蹤，大功告成。

今年年初，于小姐另一項生意達到八位數字，利潤愈多自然責任愈大，要拆的彈十分複雜，牽連甚廣，事件涉及醫療及保險界糾紛。馬星為動象落乾宮，驚門為官訟是非，天芮星為病人，亦為醫生，農曆三月、四月與巽宮互沖，巽宮丙辛雖然入墓，天任星加傷門，月令當旺，其殺傷力也不容小覷。于小姐公司受聘於其中一方，代表客户趨向調停而非爭勝，醫療界和保險業關係微妙，既然密不可分，私下和解是最佳的處理方法。年干月干丁壬相合，日干時干乙庚相合，炸彈肯定爆不了。月干壬為對方，正落馬星位置，一沖即動，臨驚門為聲勢浩大；日干庚為當事人，落離宮臨杜門為擺好架勢，嚴陣以待，空亡飛到震宮，甲子戊遇天篷星為破財，帶擊刑為損財傷身，贏了對自己也沒好處，但若要事件和氣收場，必須給雙方一個漂亮的下台階。巽宮位置入墓，與對方相沖，宜以靜制動，保持緘默；到離宮位置，庚乙相合臨杜門，主動安排雙方以和解為大前提進行閉門式會議。此事繫線繁瑣，拆解需時，直至農曆六月坤宮位置臨空亡，談判雖然未能取得共識，但只要肯退一步，對方必會同意達成協議。到農曆八月時干在太陰遮蔽下，天英星臨死門，事件將在公眾焦點中逐漸淡化而告一段落。

案例4.1 置業買樓

2017/07/16 — 19:14

年	丁酉
月	丁未
日	甲辰
時	甲戌

符 符 庚 輔 己 杜 己 4	天 天 丁 英 癸 景 癸 9	馬 九 九 空 壬 芮 辛 戊 己 死 辛 戊 2 刑
蛇 蛇 辛 沖 庚 傷 庚 3	戊 陰五局 甲戌己旬 甲戌時 輔 5 杜	武 武 空 乙 柱 丙 驚 丙 7
陰 陰 丙 任 丁 生 丁 8 墓	合 合 癸 篷 壬 休 壬 1 刑	虎 虎 戊 心 乙 開 乙 6 墓

張家置業買樓（選擇一）

斷症： 此宅位處香港新界區獨立屋屋苑。

1) 張氏一家以此屋為首選，見時干、日干同宮，最得家人們喜愛的原因為景觀，離宮九天、天英星、景門。

2) 此宅最大缺點為屋內外多處嚴重滲水，坎宮六合、天篷星、壬壬自刑。

3) 售價超出預算，日干剋生門又剋甲子戊，坤宮辛辛自刑。

- 張先生與母親同住，太太亦已為人母，此宅對女性長輩甚為不利。

- 居於此處，2020年將遇上破財或被騙財之劫。

案例4.2 置業買樓

2017/07/17 — 19:43

年	丁酉
月	丁未
日	乙巳
時	丙戌

<table>
<tr><td>九 符
戊 芮 壬 己
生 庚
4 刑 墓</td><td>武 天 空
癸 柱 乙
傷 丁
9</td><td>馬 虎 九 空
丙 心 戊
杜 壬 己
2 迫 刑</td></tr>
<tr><td>天 蛇
乙 英 丁
休 辛
3</td><td>己
陰六局
甲申庚旬
丙戌時 輔
5 杜</td><td>合 武
辛 蓬 癸
景 乙
7 迫</td></tr>
<tr><td>符 陰
壬 輔 庚
己 開 丙
8 刑 墓</td><td>蛇 合
丁 沖 辛
驚 癸
1</td><td>陰 虎
庚 任 丙
死 戊
6 墓</td></tr>
</table>

張家置業買樓（選擇二）

斷症：此宅位處香港新界區獨立屋屋苑。

1) 張家次選此屋，主要是售價合乎理想，生門落巽宮見九地，引干甲子戊為財。

2) 此宅缺點為級數稍遜，巽宮地盤值符，八神九地為過氣名宅，升值潛力較為薄弱，宮位帶擊刑入墓，而且景觀欠奉，景門門迫。

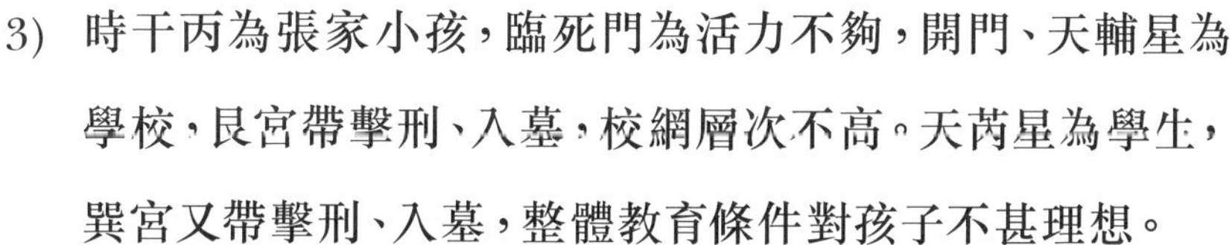

3) 時干丙為張家小孩，臨死門為活力不夠，開門、天輔星為學校，艮宮帶擊刑、入墓，校網層次不高。天芮星為學生，巽宮又帶擊刑、入墓，整體教育條件對孩子不甚理想。

- 在只提供兩個單位的條件下，此宅為較佳的選擇。生門見天芮星、九地，因為樓齡太舊出現的各種問題，壬為水、己為裝修、庚為渠道、九地為地台、值符為天花、戊為牆，全屋需要作大規模維修，並把凶象一一化解，最重要是預早安排孩子報讀其他區域校風良好的學校繼續升學。

案例5　置業後續

2018/08/01 — 17:41

年	戊戌
月	己未
日	乙丑
時	乙酉

天 蛇 庚 芮 戊 丁 驚 丙 4 迫	九 符 空 戊 柱 壬 丁 開 庚 9	武 天 空 壬 心 癸 休 戊 丁 2 墓
符 陰 丙 英 庚 死 乙 3	丁 陰二局 甲申庚旬 乙酉時 英 5 景	虎 九 癸 篷 己 生 壬 7
蛇 合 乙 輔 丙 景 辛 8	陰 虎 辛 沖 乙 杜 己 1	馬 合 武 己 任 辛 傷 癸 6

張家置業買樓(後續)

斷症：張家遷入新居(選擇二)半年，家宅整體理想，唯獨未能為子女找到合適的學校，問送他們到外國讀書可好？

1) 開門為學校落離宮，見九地帶空亡，在本土尋找確實比較渺茫。

2) 時干乙為子女落坎宮臨杜門，往年活力不夠的情況有所改善但只限於家中。艮宮天輔星、景門為學業成績剋時干，孩子讀得相當吃力，而且運動不夠，壓力大。天沖星為精神狀態臨白虎為脾氣暴躁。

3) 到海外升學看下一間學校天干庚，臨值符、天英星、太陰，孩子來生震宮表示他們喜歡在這裏上課，此事可行。

案例6　孩子情緒問題

2018/04/20 — 06:14

年	戊戌
月	丙辰
日	壬午
時	癸卯

馬 合 陰 空 丙 英 壬 杜 乙 4 刑 墓	虎 合 乙 芮 丁 戊 景 壬 9	武 虎 壬 柱 庚 死 丁 戊 2
陰 蛇 辛 輔 乙 傷 丙 3	戊 陽五局 甲午辛旬 癸卯時 任 5 生	九 武 丁 心 己 戊 驚 庚 7
蛇 符 癸 沖 丙 生 辛 8	符 天 己 任 辛 休 癸 1	天 九 庚 篷 癸 開 己 6

先找動點：巽宮驛馬、天英星、杜門，坤宮庚戊、丁，艮宮生門、螣蛇。

斷症：家中孩子情緒出現問題，有易怒吼叫等徵狀。

詳解：何教授老來得子，小兒子今年兩歲，姊弟年紀相差十年有多。大女兒前兩年升上初中便開始性情大變，2015、2016年天柱星臨宮，其象意在文為歌聲、樂器、朗誦，在武為爭吵、破壞力強；天干庚性剛質硬，臨死門為死不認輸，經常無緣無故大發雷霆，向父母咆哮，有時甚至一直尖叫維持幾分鐘，夫妻倆軟硬兼施也無法制止她的野蠻行為，覺得女兒可能是因為不習慣新的學習環境，又有可能是受到校園欺凌，甚至懷疑她是否撞邪。天干壬為當事人落巽宮，壬+乙格局小蛇得勢，男人通達，女人柔順；天英星為漂亮，杜門為文靜有禮，六合為合群和睦，太陰為陰柔、會照顧別人。本來是掌上明珠的姐姐，2018年與乾宮對沖，凶象影響之下，天英星代表神經質，杜門加六合遇太陰為自閉，再加上引干丙為野蠻行為，變身為小霸王後，令父母由無奈

相勸逐漸轉為以惡制惡。時干癸為事情落乾宮，天干癸亦為何教授（年干戊為何太太，戊癸相合，此課陽女陰男），指此事與身為人父的何教授有直接關係。乾宮癸＋己格局華蓋地户，男女測之，音訊皆阻，躲災避難為吉。每次父親遇到女兒的失控行為，便會選擇避之則吉的方法去處理，到了忍無可忍的時候，引干庚為大阻隔，最終必要以強硬手段去鎮壓事件，如此這般，一家這兩年過得很不愉快。事件主因看引干，天干庚落坤宮，亦即女兒帶空亡所飛臨之宮位，庚下臨丁戊，丁為其弟，戊為其母，臨死門為困局、不開心，大女兒對這個新的組合覺得很不是味兒。2016年打從得知母親懷有弟弟開始，玄武為負面思想，白虎為偏激，天柱破軍星代表她當時的精神狀態，女兒不願意接受父母的愛被人瓜分而產生反抗情緒，引干壬亦即日干代表遮蓋、迷惘，因為一直不懂得如何坦然把自己的想法表達出來而變得寡歡，遇上不如意事便只有大叫大怒去宣泄內心的不滿，父母猜不透女兒的思路而束手無策，最大的問題在於女兒的表達方式其實來自模仿父親的行為，乙為妻，庚為夫，坤宮所見便是問題所在。何教授恍然大悟，方發覺兩夫妻在誕下小兒之後，把專注力都投放在幼子身上，忽略了顧及女兒在學業上進入了另一階段，家中又添了新成員的心理輔導，之前以震懾喝罵的方式去遏止她的行為，確是用錯方法，使事情變本加厲。課中見巽木生離火，坤土生乾金，女兒所作所為其實只是為了得到父母的關注，小兒子成為了父母的新寵之後，連女兒眼睛開始有近視都不知道，她現在看東西不清不楚，巽宮壬、乙、六合、天英星臨杜門帶空亡、入墓、擊刑，要盡快帶她驗眼，配戴眼鏡才能正常學習。女兒本性比較收藏，太陰加杜門，為她提供多些户外或義工活動，以坎水生巽木，最重要的是父親對她多點關懷，女兒便能不藥而癒。

案例7 生意合夥

2019/06/10 — 18:35

年	己亥
月	庚午
日	戊寅
時	辛酉

九 符 癸 任 戊 生 癸 4 刑	天 蛇 己 沖 壬 傷 己 9	符 陰 辛 輔 癸 丁 杜 辛 丁 2 迫 墓
武 天 壬 篷 庚 休 壬 3	丁 陽八局 甲寅癸旬 辛酉時 輔 5 杜	蛇 合 乙 英 己 景 乙 7 迫
虎 九 空 戊 心 丙 開 戊 8	合 武 空 庚 柱 乙 驚 庚 1	馬 陰 虎 丙 芮 辛 丁 死 丙 6 墓

先找動點：巽宮戊癸、生門，乾宮死門、天芮星、驛馬星動，兑宮景門門迫。

斷症：當事人因與人合夥做生意導致經濟受綁。

詳解：温小姐2016年完成數碼科技學士課程，修讀期間結識了一班志同道合的朋友，坤宮杜門為技術，值符為高級、上司，引干辛+丁格局：獄神得奇，經商求財獲利倍增，囚人天赦釋免。眾志成城，打算合力闖一番事業，宮位入墓、門迫，指心有餘而力不足；艮宮開門為工作臨空亡，不管如何努力也不夠力量把墓沖開，營營役役，苦苦經營了兩年。2017年出現了一個新機會，太歲己並六合臨宮，一家元宇宙科技公司有意邀請他們在其平台開設一個以藝術為主題的大型商業區，天英星為漂亮，螣蛇為變化多端，己+乙格局墓神不明，地户逢星，宜遁跡藏形為利。年干己為太歲落兑宮剋生門，又見宮位六合、景門為合同臨門迫，合作條件中由利益以至主導權都被掣肘，然而項目內容對一班年輕人來說確是非常吸引，在前景甚不明朗之下，依然毅然加

入成為大户中的一員。不再是獨資經營的角色，原來更加難做，科技一日千里，虛擬平台如雨後春筍，震宮玄武、休門為虛擬世界，庚+壬為迷失方向，事情變動，遇九天，指來自世界各地的同業紛紛加入同類商業活動，2017年天英星與六合臨景門，卯酉相沖，業內競爭非常激烈。到了2018年臨死門入墓，網絡世界最忌停滯不前，時干辛為變革，丙丁為人才，帶馬星為人才和客户相繼流失，乾金剋巽木，甲子戊臨生門為本金，今年年初生意終於陷入困境出現赤字。幾個合夥人都有意退出，只有温小姐因為家境富裕，打算獨力支撐這個項目，天干戊、天任星和生門乃奇門三大財星，同落巽宮見九地帶刑，指錢財已經見底，温小姐希望找到另一個投資單位，戊癸相合，格局青龍華蓋，逢吉門可招福臨門，逢凶門事多不利為凶。引干癸落坤宮，天輔星臨杜門門迫，這個想法將難以如願，又課中太歲落宮剋當事人，即使如何不願意也難逃被大環境所淘汰的命運，今年驛馬星動所沖剋的時候便會應象。

温小姐另一個計劃為投資虛擬貨幣，此課不利投資，時干辛為變革，着她回去把計劃改一改，擇日再議。

案例8 感情困擾

2019/12/24 — 18:43

年	己亥
月	丙子
日	乙未
時	乙酉

武 合 己 芮 辛 丁 驚 癸 4 迫 刑 墓	九 虎 空 辛 柱 乙 丁 開 己 9	天 武 空 乙 心 丙 休 辛 丁 2
虎 陰 癸 英 己 死 壬 3	丁 陽八局 甲申庚旬 乙酉時 蓬 5 休	符 九 丙 蓬 庚 生 乙 7
合 蛇 壬 輔 癸 景 戊 8	陰 符 戊 沖 壬 杜 庚 1	馬 蛇 天 庚 任 戊 傷 丙 6 墓

先找動點： 兑宮天篷星，乾宮戊丙，巽宮玄武、丁癸、六合。

斷症： 當事人受感情困擾，生活規律失常。

詳解： 程先生甫坐下便不停用手擦眼，巽宮丁、癸為眼睛，六合臨驚門，此人必為感情問題而來。此課子未相害，亥未半三合，日干乙為當事人，天干乙屬陰木，温柔體貼的特質和程先生魁梧的身材不大吻合。乙落離宮，乙+己格局日奇入墓，被土暗昧，門凶事必凶，得生開二吉門為地遁。開門為工作，天柱星為中流砥柱，九地逢白虎指當事人在業內已有一定勢力。程先生在一間私人會所以合約形式和朋友開辦健身及瑜伽中心，自己負責健身部分，另外聘請一位外籍女導師提供瑜伽課程。程先生在談及自己工作表現的時候顯得非常雀躍，自信滿滿，日干與開門同宮，當事人十分熱愛這份工作。當話題轉到同居男友的時候，他的神情和語調立即變得很不自然。2013年，程先生在一間連鎖式健身中心結識了他當時的健身教練，男友天干庚落兑宮，見

值符為領導人才，生門為活潑好動，天篷星為懂得情趣，庚乙相合，二人年少輕狂，交往不足半年便共賦同居。巽宮一片凶象，玄武為盜賊，遇六合指感情上不誠實，宮位寄宮為多人，丁為第三者，辛＋癸格局天牢華蓋，日月失明，誤入天網，動止乖張。正所謂相見好，同住難，在毫無基礎下共同生活，臨驚門門迫，事無大小都爭拗一番，但都只吵不離。程先生形容那幾年過得很不踏實，因為經濟上有男友的支持，終日無所事事，以健身房為家，日夜操練，想不到往後能把這個嗜好變為終身職業，開門見天柱星臨九地。2017年，男友打算自立門户，接受一位跟他操練的客人邀請，在其私人會所內開設健身中心，自負盈虧。兑宮生門為生意，值符為高級，天篷星臨九地，健身中心位於地面及地庫總面積7000平方米，條件看來十分理想，對程先生來說更是雙贏，英雄得到用武之地，天干乙臨開門，生天輔星、景門為教練證書，很積極地考獲牌照正式投入工作。他覺得自己做得相當稱職，但得到的回報和想像的差距很大，感覺男友利用他們之間的關係，沒有對他給予公平的待遇。兑宮庚乙同宮為凶，離火剋兑金，程先生認為自己付出了很多，這盤生意他絕對應得一份，而現在的角色等同公司的員工按月領薪，上年年尾更為了此事與男友差點鬧至分手。乾宮戊為財，臨傷門帶馬星沖巽宮，六合臨驚門帶擊刑、門迫，小則口角、大則官司訴訟，感情肯定元氣大傷，二人現在處於冷戰階段。程先生想知道：公司前景是否很好？自己可有機會分一杯羹？課中四值功曹見二妻，指男友有兩位妻子，兑宮庚下有乙，遇天篷星為多情，引干丙為第三者，臨生門指男友已有另一手準備，時干乙亦為客人，生意、客人都與男友同宮，程先生若勉強而為，必會落得人財兩失。至於健身中心的前景如何？今年太歲己與明年太歲庚臨生門卯酉相沖，2020年坎水剋開門帶空亡，程先生其實無須費盡心力去爭取這盤生意，反而應該好好處理和男友的關係，站在他身旁一同面對即將來臨的難關。

案例9 人事變動

2019/12/28 — 18:38

年	己亥
月	丙子
日	己亥
時	癸酉

九 天 戊 沖 辛 杜 壬 4 刑 墓	天 符 庚 輔 壬 癸 景 戊 9	符 蛇 丙 英 戊 死 庚 癸 2 墓
武 九 壬 任 乙 傷 辛 3	癸 陽九局 甲子戊旬 癸酉時 英 5 景	蛇 陰 丁 芮 庚 癸 驚 丙 7
虎 武 辛 篷 己 生 乙 8 墓	合 虎 乙 心 丁 休 己 1	馬 陰 合 空 己 柱 丙 開 丁 6 墓

先找動點：乾宮馬星、丙丁、開門，坤宮戊庚，坎宮休門。

斷症：當事人因工作上人事變動影響業務運作。

詳解：此課伏吟，當事人必遇阻滯。時干癸為遲、慢，紀小姐比約定的時間遲來半小時有多，兑宮天芮星臨驚門，大夥兒趕着放工時間，交通擠塞，令事情延誤，絕對可以理解。紀小姐公司由年初開始，幾乎每個月都有員工辭職，過往想進入這類名牌公司以賺取經驗的年輕人比比皆是，紀小姐苦笑説，現在已經沒有人去求職，只有職去求人。時干癸為所問事情亦為員工，與紀小姐過來時的情況一樣，遇上阻滯。兑宮癸＋丙格局華蓋悖師，貴賤逢之皆不利。公司的員工都不受教，天芮星加驚門，辦公室內口舌是非很多，寄宮為搞小圈子，不同部門各自為政，合作困難。坎宮六合、天心星臨休門，員工士氣低沉，無心戀戰，被乾金開門推一步，行半步。比較進取的是廣告及宣傳部，離宮見天輔星臨景門為輔助得力，表現雖然令人滿意，但公司是一個團隊，

即使宣傳做得再好，沒有其他部門配合，也無法為公司帶來實際利益。與廣告部最容易發生衝突的是市場及公關部，六合、白虎落坎宮臨休門，站在商户、客户與公司的立場之間，心智不夠成熟的年輕人不懂軟硬兼施；天干丁為弱火，己為隨波逐流，休門為休閒工作，兩個需要緊密合作的部門出現分歧亦可想而知。此外，產品部人才最為缺乏，紀小姐公司經營香薰精油相關產品，精油源自草本，天干乙落震宮，乙＋辛格局青龍逃走，香薰療法需要擁有專業知識及證書，玄武為調配，傷門為藥性控制，天任星為責任感，因為出路太窄，在本土此類學科不受追捧，市場求才若渴。壬為流動，員工不是自立門户就是蟬過別枝，公司產品質素很不穩定，甚至和需求脱軌。這兩年由於大眾對其產品信心大打折扣，兑宮天芮星臨驚門，另外一個重要因素乃客户服務部的表現差強人意。螣蛇見庚癸相沖為事有阻隔，太陰為收藏，服務部同事遇到問題不去解決，只會左閃右避；丙為亂子，客户投訴個案多不勝數。紀小姐在大學時修讀經濟，現在直接管理銷售及營業部，公務煩瑣分身不暇，對其他部門處理不當，會計部首當其衝，坤宮值符入墓，戊＋庚格局值符飛宮，吉事不吉，凶事更凶，臨死門帳務混亂，就連貴為親信的主管也捱不住，打算提早退休。要解決當前困境，紀小姐必須先從銷售營業部抽身出來，改為坐鎮行政部擔起大旗，丙為政治，丙下臨丁為人才，開門為人力資源，在為她化解凶象之後，便可帶馬星進入坎宮。2020庚子年臨休門為貴人，乙奇、丁奇皆為人才，遇六合為人才鼎盛，天心星為眾志成城。好好整頓一番之後，伏吟局代表調理之後將出現變化，紀小姐的產品將成為逆市奇葩，前景甚為樂觀。

案例10 家庭面臨破裂

2020/02/24 — 16:43

年	庚子
月	戊寅
日	丁酉
時	戊申

符 陰 癸 任 壬 傷 戊 4 刑 墓	蛇 合 丙 沖 乙 己 杜 癸 9	陰 虎 辛 輔 戊 景 丙 己 2 刑
空 天 蛇 戊 篷 丁 生 乙 3	己 陽四局 甲辰壬旬 戊申時 任 5 生	合 武 庚 英 癸 死 辛 7
馬 九 符 空 乙 心 庚 休 壬 8 刑 墓	武 天 壬 柱 辛 開 丁 1	虎 九 丁 芮 丙 己 驚 庚 6 墓

先找動點：艮宮天心星、休門，坤宮戊己、太陰，兑宮六合、死門。

斷症：當事人家庭面臨破裂，事因父親。

詳解：小櫻自十一歲開始便跟着父母每年來訪一次，至今已經十五歲。見她獨個兒來找我，心知不妙。直接看他父親，年干庚空亡飛到乾宮，天芮星為多人，驚門為爭吵，遇白虎吵得很激烈，引干丁為第三者。雖然心中有數，但不能直接跟小櫻説他父親的問題。上年他們一家來找我的時候，已經叫他們到外地玩玩過年，農曆六、七月再作個短途旅行，或在本土找個地方度假亦可。

小櫻説可能因為疫情的關係，不曉得父母是不敢去，還是不想去，總之她就一直待在家裏，就連參加同學的生日派對也不獲批准。其實兩夫妻的問題始於社會內部分裂時期，乾宮丙火、庚金，二人各站一方，把政見帶回家中，白虎逢九地，各自立場非常堅定；臨驚門，辯論沒完沒了，引干丁

見驚門為心驚、擔心。巽宮傷門帶擊刑，受傷害的總是家中女性，然而母親卻未為此而屈服，依然積極參與一些和自己理念相同的組織所發起的各類活動，離宮沖星、杜門，做出種種破格的行為衝擊父親底線。今年年中，艮宮帶馬星臨休門為婚姻，對沖坤宮景門為證書，父親終於表示要和母親離婚，表白之後即日獨自搬離家中，留下小櫻兩母女一臉茫然。她說母親過去幾個月的精神很差，尤其是中秋節那段時間，兑宮天英星臨死門，被離火所剋，母親像失去靈魂一樣，拿着賀節禮品到處拜訪親友，六合遇玄武，表面上裝作若無其事，女兒看在眼裏感覺非常難受。還説母親一直在怪自己不認輸的性格害了家庭，主動認錯要求復合了很多次都被拒絕，天干乙落離宮生艮宮庚，宮位空亡、入墓，再帶馬星，見天心星臨休門，又六合逢死，各方面都顯示這段婚姻應該難以挽救。母親多次問小櫻，假若父母真的走到分開那一步，她想跟父親還是跟母親在一起？小櫻竟然來問我的意見。天干丁為當事人，落震宮為正在衝刺的階段，見九天需要出外闖闖，天篷星加生門指要見多識廣去讓自己增值。開門為學校，落坎宮見九天生當事人，到外國升學對她來説是最好的選擇，而這個選擇需要金錢來支持，幾個財星和父親不是剋他便是對沖，父親在2021年往後一段時間，經濟將陷入困境，況且小櫻心中早已作出選擇，震宮丁下有乙為其母，即會共同進退，臨生門、引干戊，生活費不成問題。天篷星為聰明，遇生門為鬼點子多，在臨走之前問我，可不可以答應她，假如父親來訪，別站在他的那一邊，特別是千萬不要幫他爭取撫養權，震木生離火又剋艮土，我笑着點點頭。四值功曹見庚戊，課中戊庚相沖，父親心中有愧，這兩年內都不會到訪。

案例11 家宅不寧

2020/09/03 — 18:58

年	庚子
月	甲申
日	己酉
時	癸酉

陰 合 壬 英 丙 杜 辛 4 墓	蛇 陰 辛 芮 癸 庚 景 丙 9	符 蛇 丙 柱 戊 死 癸 庚 2 墓
合 虎 乙 輔 辛 傷 壬 3	庚 陰七局 甲子戊旬 癸酉時 柱 5 驚	天 符 癸 心 己 庚 驚 戊 7
虎 武 丁 沖 壬 生 乙 8	武 九 己 任 乙 休 丁 1	馬 九 天 空 戊 蓬 丁 開 己 6

先找動點：離宮景門、癸庚，兌宮天心星、驚門，乾宮驛馬星動。

斷症：當事人家宅不寧，有搬遷之意。

詳解：天干己為當事人落兌宮，天心星臨驚門，代表擔驚受怕。張女士是一位歌唱老師，三年前和丈夫移民加拿大，在她臨走前忠告她要懂得應變，家和萬事興。她當時滿有信心，說那邊華人很多，以自己的名氣要另起爐灶應該不難。今天張女士和丈夫一起到訪，二人你推我讓，東拉西扯了十多分鐘也進入不了正題。引干癸庚為晚上出沒的猛獸，九天為遠方，直接問他們在加國居住的地方是否離市區很遠？張女士說他們喜歡大自然，當年碰上加拿大提供的其中一個移民項目，非常切合他們的意願，趁着年紀尚可，又沒有兒女牽掛，在沒有周詳考慮之下到了一個完全陌生、只有幾千人口的小鎮過新生活。戊為房屋，亦代表家落坤宮臨死門，戊下再遇兌宮引干癸庚，張女士瞪大眼睛問我：「能想像你的鄰居竟然是大黑熊嗎？」癸在顏色為黑，庚加天柱星為殺

傷力強大，戊和死門為行動緩慢，帶土的顏色應該還有棕熊。坤宮戊+庚有搬遷之象，下一個家看地盤天干癸庚，飛到離宮正是時干所落之宮位，兩夫妻上年年尾搬到了現居的地方，宮位所見，有縢蛇、朱雀代表漂亮，天芮星為花草，臨景門，該處景致甚佳。一直沉默寡言的張先生終於開始坦言來意，他在香港時是一位專業攝影師，新的居所也是他的選擇，庚為夫與時干癸同宮，生甲子戊為求財。這次移民計劃把他們多年積蓄都用盡，原本以為憑夫妻倆都有專業技能，只求兩餐，工作應該不成問題，開門為工作，見九地帶空亡，一直沒有收入的生活，令兩夫妻開始互相抱怨，乙為妻落坎宮，庚為夫落離宮，休門為婚姻，景門為結婚證書，今年為了搬家之事更鬧至水火不容，張先生決定把買下的房屋租出去，兩口子租住另一間位處郊野的小屋，一來可以有租金差額回報，二來可以方便他拍一些風景林鳥的相片，放在網上售賣去維持生計。天干癸為被困，庚為大閘，張女士瞟了丈夫一眼，晦氣地說，她就這樣從此被軟禁起來，坎宮玄武、九地為不明朗，天任星臨休門，才華得不到發揮機會，張女士現正處於退休狀態，這樣的一次變動，辛為變革，震宮六合臨傷門，家庭經濟雪上加霜，也傷害了原本恩愛夫妻的良好關係。

完全看不到前景，白白浪費了幾年時間，兩人打算回來看看在世界都陷入困境下的香港，是否還有他倆落腳之地，做回老本行是否可行？此課乃八門伏吟局，門為人即人和出了問題，2020年，休門為貴人遇玄武、九地，指躲藏沒有出來，今年暫時不宜回流。2021、2022年，生門與值符為張先生和甲子戊對沖，此時做生意也不見得樂觀。2023年，當天任星臨休門為流動生震木，再剋兩大財星之時，便是回港的最佳時機。

案例12 久患困擾

2020/11/04 — 13:36

年	庚子
月	丙戌
日	辛亥
時	乙未

馬 陰 合 空 庚 英 己 傷 丁 4	蛇 陰 丙 芮 乙癸 杜 己 9	符 蛇 丁 柱 辛 景 乙癸 2 墓
合 虎 戊 輔 丁 生 丙 3	癸 陰一局 甲午辛旬 乙未時 柱 5 驚	天 符 己 心 壬 死 辛 7
虎 武 壬 沖 丙 休 庚 8 刑 墓	武 九 辛 任 庚 開 戊 1	九 天 乙癸 篷 戊 驚 壬 6 墓

*先找動點：*離宮天芮星、乙、己，巽宮傷門、馬星，坤宮辛、乙。

*斷症：*當事人家中各成員受足患困擾，舊症未癒，新症又起。

*詳解：*北方在家宅風水上的重要性，於此案例可見一斑。何小姐家開北門，今年為2020年，正在坎宮北面位置，當旺沖剋時干落宮，離宮乙、己為彎曲即關節，癸為腳，螣蛇為神經，杜門為阻塞，首當其衝的是何家二小姐，過年前大掃除爬梯更換燈泡時，膝部忽然發軟，失足掉下來，幸而宮位未見凶象，見螣蛇加玄武為虛驚一場。新春期間，大家都外出拜年，胡亂泊車的滿街都是，何小姐的哥哥向來性格火爆，月干丙為哥哥，白虎加上天沖星帶擊刑，爭位不成，自己駕車撞向燈柱，坤宮引干丁、天柱星臨景門入墓，燈柱安然無恙；艮宮玄武、休門為血液，哥哥足腿皆傷，入院縫了幾針，臨休門，整個新年就在休養中度過。農曆四月巽宮馬星為動象，己丁、六合為高跟鞋，二家姐霉運未過，在趕

上班過馬路時重心不穩，跌倒後踝關節扭傷，引干庚為原因，坎宮臨開門，庚＋戊格局天乙伏宮，指凡事遇到阻隔的意思。今年農曆六月尾，坤宮值符入墓，被艮宮凶象所沖，景門為頭，螣蛇為閃光，其母和工人外出午飯後，返家途中忽然頭暈眼花，在街上跌倒，幸好當時工人在身旁扶着不致膝蓋落地，但雙腳擦地的損傷已教子女非常心痛。天干辛為錯誤亦為眼鏡，景門加丁為視力，母親眼鏡度數早已不對，沒有及時更換導致這次意外。地盤天干辛為何小姐落兑宮，壬加九天、值符為腳拇趾，辛為小骨，臨死門，她的拇趾外翻情況日趨嚴重，足內側更生出腫塊，為了不想家人再添憂慮，便有苦自己知，對自己的病情輕描淡寫，但家中成員逐一出現的足傷足患，很難相信是事出偶然。課中坎宮見庚戊臨開門、玄武，指何小姐家的大門曾經改動，現時居所在2018年買入，由兩個單位打通合併，原本兩個單位開西北門，打通後只用中間的那一道門出入，變為門開北面，到2020年坎宮位置尤其應凶。叫何小姐回去立即安排改以西北那道門作為家中大門，並把北門填封，其他地方亦須加以調整，北方為腳，亦為後代，實在不容忽視，必須認真處理。

奇門遁甲
奇門在此
QIMEN BEING
Here There & Everywhere

案例13　事業尋求突破

2021/07/18 — 21:48

年	辛丑
月	乙未
日	丁卯
時	辛亥

馬 九 合 癸 篷 己 死 丙 4	武 陰 戊 任 辛 驚 庚 9 刑	虎 蛇 丙 沖 乙 壬 開 戊 丁 2 墓
天 虎 空 丁 心 癸 景 乙 3	丁 陰二局 甲辰壬旬 辛亥時 柱 5 驚	合 符 庚 輔 丙 休 壬 7
符 武 空 己 柱 壬 杜 辛 8 迫	蛇 九 乙 芮 戊 丁 傷 己 1	陰 天 辛 英 庚 生 癸 6

先找動點：離宮玄武臨驚門帶擊刑，艮宮杜門門迫，坤宮天沖星臨開門。

斷症：當事人事業發展遇到了瓶頸，尋求破解之法。

詳解：日干丁與戊己同宮，天芮星臨傷門，擅於人際關係的陳先生是一間名牌化妝品的亞洲區品牌經理。一般女性商品，而且是如此重要的職位，甚少會由一位男士擔當，陳先生說正正因為如此，倘若能做些成績出來，不單在業界，在他自己來說都是一大突破，個人成就必然攀上高峰。己為計劃臨九地，陳先生做每一件事都經過深思熟慮，三思而後行，相信以他過往的豐富工作經驗，勝任此職綽綽有餘。2020年社會動盪未穩，大部分行業都在掙扎求存，陳先生竟然在此時被獵頭看中，以高薪厚職挖角。時干辛為事情落離宮，見玄武為雙面，天任星臨驚門為突破性的任務，辛為變革，這個頂尖國際品牌化妝品，打算開拓男士化妝品市場，需要一些對中韓日市場及潮流有相當經驗及人脈網絡的男性去負責這條新線，宮位帶擊刑，指此事絕不易為。

陳先生原本是一間公關公司老闆的副手，一人之下萬人之上的地位在2016年開始遇到威脅。月干乙為同事臨宮，新來的客户服務主任衝勁十足，地盤乙落震宮見天心星、九天，為理想遠大，癸為天網臨景門為策劃天衣無縫，白虎為有實力，臨空亡，年輕貌美的女同事深得老闆歡心，天盤乙臨開門入墓，陳先生説她只需要付出三分努力便會得到十分功勞。老闆添了一位得力助手，公司生意愈做愈好，對業績的要求也越來越高，陳先生一直都能達到公司指標。2018、2019年乾宮臨生門生日干，這兩年獲發相當可觀的年終獎金，但他卻對公司給客户服務主任發放了同等花紅的做法相當不滿，既然遇到伯樂，便毅然辭退原職，打算再創另一番作為。2020年坎宮日干丁遇天芮星臨傷門剋太歲，離宮見玄武臨驚門，辛庚帶擊刑，大環境正逢亂世人心惶惶，所有非生活必需品的生意都難逃厄運，戊為本金見九地，新公司原本承諾提供給陳先生去開拓業務的預算和人手被凍結起來，在兵盡糧絕的情況下，只能期望否極泰來。一直積極樂觀的陳先生今年杜門門迫，和開門工作對沖，杜門為技術帶空亡，指他已經江郎才盡。坤宮工作見乙、丁乃本課月干、日干用神，帶白虎、天沖星，合作團隊中不乏人才，但宮位入墓，即使青龍、功曹臨宮，出盡全力也事倍功半。陳先生希望能衝開瓶頸，辛為事情落離宮，辛為錯誤，庚為阻隔，玄武為不清晰，天任星為不變化，臨驚門帶擊刑，離宮為景門原宮位與當事人相沖剋，現時鋪排線上的廣告方向需改為線下，以乾兑兩金的力量去生自己。兑宮丙壬，水火相沖，休門為貴人，天輔星加六合、值符，指要與其他有名氣的品牌做聯名合作的互動項目。乾宮太陰、九天加天英星為網紅，庚癸臨生門，直接在網上大力推售產品，生門、天英星見勝光，如此便有望於年終時，新線在名在利都會有所收穫。這個策略要再繼續推行多一年，時干為辛，但仍別忘記要從中找尋新思維，切忌故步自封，能穩中求變必然大有可為。

案例14　尋失物

2022/01/11 — 14:16

年	辛丑
月	辛丑
日	甲子
時	辛未

馬 武 符 癸 篷 丁 生 戊 4	九 蛇 丙 任 壬 己 傷 癸 9	天 陰 辛 沖 乙 杜 丙 己 2 迫 刑 墓
虎 天 戊 心 庚 休 乙 3	己 陽四局 甲子戊旬 辛未時 輔 5 杜	符 合 庚 輔 戊 景 辛 7 迫
合 九 乙 柱 辛 開 壬 8	陰 武 壬 芮 丙 己 驚 丁 1	蛇 虎 空 丁 英 癸 死 庚 6

先找動點： 艮宮辛、六合，坤宮杜門門迫，兑宮景門門迫。

斷症： 當事人遺失貴重物品。

詳解： 馬太懷疑新僱外傭盜竊家中財物，打電話來求救。時干辛為事情落艮宮，辛為錯誤，六合加天柱星為口舌之爭，馬太在沒有真憑實據下指責家傭，雙方發生口角，鬧得很不愉快。地盤辛為家傭，與當事人同落兑宮，戊+辛格局青龍折足，臨景門門迫，主招災、失財或足傷，這種格局爭執難以避免。見兑宮並無任何盜賊小偷之類的訊息，反見天輔星臨宮，此事看來家傭只是在據理力爭，錯不在她。那麼失物在哪兒？辛為小金屬，馬太的焦慮其實可以理解，她不見了的是一隻四克拉的心形結婚鑽戒，六合為婚姻，乙為妻，開門為心，九地為長久。此物的意義比價值重大，馬太一直珍而重之地把它放在家中的保險箱，只在每年一月的結婚紀念日才會帶上一次，今天剛打算和馬先生出外慶祝前發現鑽戒不翼而飛。坤宮天沖星、八神九天帶擊刑入墓和

時干對沖，大好日子在吵吵鬧鬧，或多或少也傷了夫妻間的感情。引干辛為主因落坤宮，杜門、太陰為收藏、隱蔽，辛為保險箱，宮位寄宮並帶多個凶象，指內裏雜亂無章，鑽戒現與其他首飾同放在一個紅色袋子裏面，是她在上年匆忙間沒放回在原裝盒內，隨隨便便和當天所戴的耳環一同放入袋中。馬太聽後如夢初醒，在放耳環的袋子中找回結婚鑽戒，連聲多謝後，高高興興地與丈夫出外慶祝結婚周年紀念。

案例15 官祿不保

2021/11/04 — 13:02

年	辛丑
月	戊戌
日	丙辰
時	乙未

馬 陰 武 空 壬 柱 丁 開 戊 4 迫	蛇 虎 庚 心 丙 乙 休 壬 9 迫	符 合 丁 篷 辛 生 庚 乙 2 墓
合 九 戊 芮 庚 乙 驚 己 3 迫	乙 陰四局 甲午辛旬 乙未時 篷 5 休	天 陰 丙 任 癸 傷 丁 7
虎 天 己 英 壬 死 癸 8	武 符 癸 輔 戊 景 辛 1	九 蛇 辛 沖 己 杜 丙 6 墓

先找動點：巽宮驛馬星動，臨開門門迫，坤宮天篷星、生門，乾宮九地入墓。

斷症：當事人事業受沖，官祿不保。

詳解：洪先生在一間廣告公司擔任創作總監已經三年有多，這幾年世界動盪，廣告這類行業不必推算也知道是凶多吉少，能做的是如何幫他度過當前難關。當事人日干丙落離宮，見天心星遇螣蛇，洪先生最近心緒不寧，此局反吟，休門門迫，當事人必然失眠情況嚴重，即使入睡也會因多夢而導致精神不振，工作表現固然大受影響，丙+壬格局火入天羅，為客不利，是非頗多。月干戊為同事落坎宮沖剋當事人，這兩年公司業績陷入低潮，多個部門都把責任歸咎於公司人才流失，不論創意、美術及製作方面都失去競爭能力，矛頭直指洪先生。戊為中介，投訴情況最為嚴重的便是客戶服務部，洪先生也沒推卸責任，連他也覺得自己自三年前入職以來，的確沒有幹出一些好成績來，白領了薪金心裏也不好過。今年年初，天芮星、六合臨驚門，美術部幾個得力助

手被挖角，公司順理成章删減人手，農曆三、四月開門門迫帶驛馬星，工作量大增，可惜天干丁為希望見空亡，心力耗盡都未能為公司成功爭取大規模的生意，做的都是雞零狗碎的工作，吃力不討好。此時卻有另一個機會出現，丁下臨戊，一間獵頭公司向他提供一個海外職位，空亡為不實，玄武為假象，可是洪先生到今天依然記掛着這個曇花一現的曙光。丙辛相合，在太歲眷顧之下，依然生機處處，坤宮值符，天篷星臨生門，正職以外的生意卻愈做愈好，早已對公司萌生退意的念頭打算付諸行動，只待取得奇門一個決定，他便立即自組公司創業。六合為合作單位落震宮生日干，見天盤天干庚乙為當事人所落宮位引干，此事洪先生其實心裏早有定案，他是勢在必行的。受甲子戊沖剋，生門又剋本金，忠告洪先生要量力而為，一切先以能負擔家庭經濟為優先考慮，投資新公司要以本少利大的目的出發，不必要的支出可免則免。洪先生聽後懷疑創業這個方向是否正確？坎宮戊+辛格局青龍折足，反吟局為快，農曆十一月景門沖剋當事人時便會官祿不保，自組公司不失為一個選擇，所以說洪先生運氣仍在。離宮天心星臨休門，這種性格的人比較懶散，遇到阻滯容易放棄，而此課格局需要多番調整才能取得成功，希望他能好好把握上天安排的機遇，為自己和家人努力拼搏一場。

案例16 難治之症

2022/09/15 — 17:40

年	壬寅
月	己酉
日	辛未
時	丁酉

九 陰 空 己 心 乙 開 己 4 迫	武 蛇 癸 篷 壬 休 癸 9 迫	虎 符 辛 任 丁 戊 生 辛 戊 2 墓
天 合 庚 柱 丙 驚 庚 3 迫	戊 陰五局 甲午辛旬 丁酉時 芮 5 死	合 天 丙 沖 庚 傷 丙 7
符 虎 丁 芮 辛 戊 死 丁 8 墓	蛇 武 壬 英 癸 景 壬 1	馬 陰 九 乙 輔 己 杜 乙 6 墓

先找動點：艮宮天芮星、死門入墓，坤宮白虎，巽宮天心星空亡。

斷症：當事人所問乃難治之症。

詳解：張老太跟隨丈夫移居美國四十多年，子女緣分淡薄一直未有所出。2015年收了一位中國內地親戚的小孩做乾女兒，坤宮丁為小孩，生門為活潑好動，長得十分標緻，翌年把孩子接到美國和他們一起生活，這位新成員是家中未來的新希望。小女孩年僅12歲便離鄉別井，跟一對完全陌生、當時年過五十的長輩相處絕非易事。日干辛為張老太，艮宮值符為領導，死門為守舊，白虎為強迫性；丙為張老先生落震宮，天柱星為聲勢浩大，驚門為震懾，丙為脾氣暴躁，兩夫妻對孩子操控慾愈強，乾女兒的反抗力便愈大，震宮剋坤宮、艮坤對沖。雖然如此，在張老太的談話過程中，依然感覺到她對乾女兒視如己出，多年以來想盡辦法與孩子融和。小女孩在異鄉逐漸長大，進入青春期，性格反而變得孤僻，地盤丁被開門為學校沖剋，巽宮天心星臨九

地，開門門迫，上年開始經常逃學，天英星、景門為學業成績反吟落坎宮，成績一落千丈。最令人擔憂的是，今年年初開始，老太發覺女兒食量很小，身體越來越纖瘦。艮宮天芮星為食物，臨死門為不開心，孩子患上了厭食症，宮位寄宮入墓，她還有自閉傾向，深居簡出。課中見乾女兒用神丁落坤宮生天輔星，叫張老太讓女兒和我在線上傾談，女兒欣然答應令夫妻倆十分驚訝，這個孩子年紀輕輕思想卻非常成熟。年干壬落離宮，玄武為小偷，天篷星為大賊，螣蛇為古惑多變，多年來老家屢次着她向張家要錢，這孩子性格倔強，坤宮白虎、天任星加上地盤八神值符，甚有主見的她一直默不作聲，她説其實非常着緊自己的前途，也知道乾父母對她很好，只是大家年齡差距實在太大很難溝通，又面對老家苦苦相逼，原本樂觀開朗的性格也找不到生趣，鬱結成疾，2022年艮宮對沖時應象。此事先以通關化解，再叫張老太直接與乾女兒老家經常保持聯絡，錢財轇轕由長輩們自己解決。這孩子潛力無限，現時需要正確的輔導與關愛，盡早找一些合適的補習老師和輔導員去帶她脱離陰霾，她絕對有能力很快便重入正軌，享受年輕人應有的青蔥歲月。

案例17 被騙財

2022/11/09 — 19:12

年	壬寅
月	辛亥
日	丙寅
時	戊戌

<table>
<tr>
<td>空
　符 武
丙 篷 辛
　景 戊
4</td>
<td>　天 虎
辛 任 癸
　死 壬
9</td>
<td>馬 九 合
癸 沖 己
　驚 庚 乙
2 刑 墓</td>
</tr>
<tr>
<td>　蛇 九
丁 心 丙
　杜 己
3</td>
<td>乙
陰四局
甲午辛旬
戊戌時 篷
5 休</td>
<td>　武 陰
己 輔 戊
　開 丁
7</td>
</tr>
<tr>
<td>　陰 天
庚 柱 丁
乙 傷 癸
8 迫 墓</td>
<td>　合 符
壬 芮 庚 乙
　生 辛
1 迫</td>
<td>　虎 蛇
戊 英 壬
　休 丙
6 墓</td>
</tr>
</table>

先找動點：震宮丙己，兑宮天輔星、天盤八神玄武，巽宮地盤八神玄武。

斷症：當事人被騙財。

詳解：以下同類案例幾乎每隔一兩個月便會出現一次，現以李家情況以供參考。和大部分香港家庭一樣，李先生兩夫妻家中有兩位小朋友，和父母同住，把照顧家中老少的工作交給外傭負責。天輔星為外傭落兑宮，用神天干戊下臨丁，丁為細心，丁壬相合亦為李母，家傭對老太特別關懷細心，老太落艮宮生兑宮，可見二人關係良好。艮為足部，宮位見天柱星、傷門帶凶象，老人家因長期足患行動不便，對家傭十分依賴。李太説，這個工人最大的好處，就是擔當了被奶奶終日發牢騷、指指罵罵的角色，艮宮丁下見癸臨傷門，指老太會説話傷害人。再看兑宮八神玄武、太陰，家傭以柔制剛的方法令老太非常受落。李家自2017年請了這位外傭之後，對她的工作表現相當滿意，慢慢地把她看成是家中一員，家務事無大小都由她全權負責。2020庚子年，坎宮庚

＋辛格局白虎干格，再臨生門門迫，破財無可避免，家族生意在疫情之下大受影響，兩夫妻為公事四處奔走，而且禍不單行。艮宮被坤宮天沖星、驚門帶馬星所沖，老太在年初再次跌傷，舊患未癒新症又起，加上小朋友在恢復面授課以後的接送安排，令工人的存在變得不可或缺。日干丙落震宮被兑宮沖剋，傭人向李先生表示因疫情老家親人都失去了工作，又無法支付小孩的學費，問他借三萬元應急，震宮天心星帶引干丁，在公在私都沒有不借之理。誰知不消一個月，家裏開始收到一些追債電話，天篷星為黑社會，景門為文件，原來外傭在過去兩年分別向兩間財務公司借貸了合共三萬元的款項，在二月份，更以向李先生借來的三萬元，換來的良好還款紀錄，再借得合共高達七萬元的貸款，因逾期未有繳付利息而被追上門來。事情鬧大，李父才把自己其實每個月也或多或少暗地裏給她錢，見乾宮壬戊同宮；同樣每次見面都會私底下給錢外傭的還有李先生的姐姐，再見月干辛戊同宮。農曆五月，八神九天落離宮，一切昭然若揭，李先生原本打算把她辭退便一了百了，卻被母親阻止，時干戊剋日干丙，李先生覺得現狀簡直是被工人處處掣肘，急需她的服務，但一直替她還款又不是長久的方法，令他寢食難安。此事要解決需作好部署，現時景門為證據帶空亡，首先要收集起外傭所借金錢的真憑實據，把所有事及貸款公開，要求外傭中介公司介入此事，在約滿之前為免追數公司對家人騷擾，也不得不替外傭償還部分貸款，和她協議如何在工資扣除，最重要的是所有文件必須交代清楚。李先生問約滿之後是否應該另聘他人？下一個工人看時干落宮的地盤天干，丁落艮宮帶多個凶象，被日干所剋又與馬星相沖，下一個工人不適合照顧老人家和小孩子，更隨時一走了之。在別無他選之下，暫時這個外傭依然是較好的選擇，約滿前必須先作調整才可續約。香港這個社會現象確實令人十分無奈。

案例18.1 辦公室位置選擇

2023/01/14 — 20:38

年	壬寅
月	癸丑
日	壬申
時	庚戌

虎 陰 辛 芮 丙 己 開 戊 4 迫	武 合 乙 柱 辛 休 癸 9 迫 刑	馬 九 虎 己 心 庚 壬 生 丙 己 2 刑
合 蛇 空 庚 英 癸 驚 乙 3 迫	己 陽四局 甲辰壬旬 庚戌時 任 5 生	天 武 丁 篷 丁 傷 辛 7
陰 符 空 丙 輔 戊 死 壬 8	蛇 天 戊 沖 乙 景 丁 1	符 九 癸 任 壬 杜 庚 6

中醫院院長辦公室位置選擇一：

1) 年干壬為院長落乾宮剋天芮星、白虎臨開門門迫，指工作因人事問題，在推廣時會遇上阻滯。

2) 月干癸為同事落震宮，見六合、天英星臨驚門門迫，被日干宮位所剋，同事間是非不斷，對上司會有意見。

3) 時干庚落坤宮臨生門帶馬星，甲子戊落艮宮，兩個宮位同時生日干宮，代表這個位置利事旺財。

- 日時同宮，這個位置是院長的選擇。

- 此課乃反吟局，指變數快，現在開門、休門均見門迫，生門帶馬星見擊刑，指現時圖則問題主要在於空間及通道活動性不夠，必須經過多番改動方能落實。

案例18.2 辦公室位置選擇

2023/01/14 — 22:38

年	壬寅
月	癸丑
日	壬申
時	辛亥

馬 陰 天 辛 柱 庚 生 乙 4	合 符 乙 心 己 傷 壬 9	虎 蛇 己 篷 癸 壬 杜 丁 戊 2 迫 墓
蛇 九 空 庚 芮 丁 戊 休 丙 3 刑	戊 陽五局 甲辰壬旬 辛亥時 英 5 景	武 陰 丁 任 辛 景 庚 7 迫
符 武 空 丙 英 壬 開 辛 8	天 虎 戊 輔 乙 驚 癸 1	九 合 癸 沖 丙 死 己 6 墓

中醫院院長辦公室位置選擇二：

1) 年干壬為院長落艮宮，見天英星臨開門，此位置對醫院名聲及院長個人名氣大有幫助。

2) 天芮星為病人落震宮，用神丁戊帶擊刑、空亡剋日干，指丁財兩不旺。

3) 月干癸為同事，帶白虎與日干對沖，此位置不利人緣及人事管理。

- 2023年在卯宮，與時干辛所落酉宮對沖，兑宮景門門迫，圖則必不獲批。

案例19 出外發展

2023/01/24 — 18:18

年	壬寅
月	癸丑
日	壬午
時	己酉

九 九 戊 輔 辛 休 辛 4 刑 墓	天 天 丙 英 乙 生 乙 9	符 符 庚 芮 己 壬 傷 己 壬 2 迫 刑 墓
空 武 武 癸 沖 庚 開 庚 3 迫	壬 陽一局 甲辰壬旬 己酉時 芮 5 死	蛇 蛇 辛 柱 丁 杜 丁 7
空 虎 虎 丁 任 丙 驚 丙 8	合 合 己 篷 戊 壬 死 戊 1 迫	馬 陰 陰 乙 心 癸 景 癸 6 迫

先找動點：乾宮驛馬星動、天心星臨景門門迫，巽宮辛辛自刑、天輔星帶擊刑。

斷症：當事人出外發展之意向未能如願。

詳解：邱小姐是家中獨女，萬千寵愛在一身，日干壬為當事人落坤宮，值符為高層次、品質優良，年干壬同落坤宮，邱小姐乃著名文學家之後，可算是出身名門。離宮八神九天為理想遠大，天英星為名氣、閃亮，生門為資本，她打算不借助家族關係，憑自己實力去闖一番天地。2021年，計劃的第一步是先取得一個博士銜頭，目標是英國頂尖學府，艮宮丙+丙格局月奇悖師，文書逼迫；丙為希望帶空亡，她說當時因為準備不足，申請了兩間大學被拒。2022年再接再厲，用了一年時間籌備，當事人落宮見天芮星為學生，臨傷門帶擊刑、入墓、門迫，再次失敗令邱小姐鬥志盡失。壬+壬格局蛇入地羅，外人纏繞，內事索索。當事人很在意別人對她的想法，心內打結走不出去，再看巽宮，見辛辛自刑臨九地，她現時的精神狀態欠佳，不斷自責，對前途茫茫然不知

方向。此課乃伏吟局指時間漫長，不能急於一時。當事人現時帶多個凶象生乾宮，景門為學業，勉強之下不能做出好成績來。邱小姐今年25歲，這幾年要在多方面再下苦功，巽宮擊刑、入墓，辛為變革，首先要預早適應中英的文化差異便利以後的研究工作；坤宮己壬相沖，邱小姐體質較弱，要多做運動增強體魄以應付將來龐大壓力；乾宮癸＋癸格局天網四張，行人失伴，景門為文書見門迫，太陰帶馬星，需致力提高論文質素及水平，向父母取經是最佳途徑。裝備好自己，到29歲之年，九天為遠行，天英星為英國，丙為直接希望，屆時願望可成。

案例20 合作受騙

2022/03/19 — 20:42

年	壬寅
月	癸卯
日	辛未
時	戊戌

空 虎 天 戊 篷 壬 景 丙 4 刑 墓	武 符 壬 任 庚 死 辛 9 刑	馬 九 蛇 庚 沖 丁 驚 癸 乙 2 墓
合 九 己 心 戊 杜 丁 3 刑	乙 陽六局 甲午辛旬 戊戌時 英 5 景	天 陰 丁 輔 丙 開 己 7
陰 武 癸 柱 己 乙 傷 庚 8 迫 刑 墓	蛇 虎 辛 芮 癸 乙 生 壬 1 迫	符 合 丙 英 辛 休 戊 6 墓

先找動點：巽宮白虎、篷星、丙壬，坎宮天芮星臨生門門迫，震宮六合帶擊刑。

斷症：當事人與人合作受騙。

詳解：這個案例，在香港是很普遍的一種騙案。

當事人在2021年的六月份認識了兩位新朋友。朋友看月干，天干癸落坎一宮，天干乙為女性朋友，男的用神為天干癸。宮位見壬為聰明，會耍手段，螣蛇為古惑。乙為妻，女性朋友在旁邊做輔助，充當推波助瀾的角色。天芮星代表桃園結義，八神螣蛇臨生門，生門代表求財，他們求財的方式是要結交朋友，拐彎做生意。生門也是利潤，宮位門迫，說明這個生意是賺不到錢的。日干辛為當事人落在乾六宮，辛下臨戊，甲子戊為財，當事人的天盤八神值符，指她是有家底的人；休門代表休息、休閒，當事人在2019年即乾宮的位置，她開的服裝店關了，已經沒有工作一段時間，生活非常清閒。休門也代表貴人，辛下臨戊，她帶着錢去生這兩位新朋友的生意。2021年，艮宮帶着好幾個凶象，天柱星乃破軍

星，臨傷門帶擊刑，少不免破財傷身。天干己為計劃，加太陰為陰謀，玄武為小偷。

新年前她被朋友帶到一間美容產品的傳銷公司，先付了五萬元加入成為會員，再用十萬元買了一批貨物。糊裏糊塗的回到家中，思前想後才覺得不對勁，立即來找我，哭着説可能是被騙了。此課看來情況尚可控制，未日在坤宮的位置，叫她明天未、申時去報警備案，坤宮驚門代表警察、公安，加天沖星，帶馬星剋月干。再通知那兩個朋友説要退會，不給退便會去報警，當然最重要的是先替她化解凶象。到了戌、亥日，再催他們一次。果然，走到震宮的時候，也就是時干落宮的位置，月干生時干，當事人收回五萬元的入會費，另外用一半的價錢把貨物退回去。正正應了擊刑減半的數目。

奇門遁甲
QIMEN BEING
Here There & Everywhere

後記

本書為高級培訓班的進階教材，重點在拓展廣大學員的思維能力，盡量精簡與客人的對話和事情經過，所以它既沒有迂迴曲折或氣勢磅礡的畫面，也沒有柔情似水和蕩氣回腸的感人故事，只有靈活的斷卦技巧與應用方法，使用不厭其煩的重複風格來解讀宮位的象意組合，摒棄暗澀難懂的字句。本人還公開浩瀚師父秘而不宣的奇門必應斷語，此屬奇門界的首次，務求令每位學員都有所收穫。由於成書倉卒，錯漏在所難免，希望各位老師和易友批評斧正。

感謝浩瀚師父多年來的悉心指導，口傳心授，恩同再造，弟子定必遵從師訓，承先啟後以眾生得益為己任，願祖傳廣播，福澤八方。

奇門遁甲實學實用全冊

編著

雲易揚

編委

雲易揚、雲素蕎

責任編輯

魏子樺

美術設計

DASHTOP Design & Advertising

出版者

圓方出版社

香港北角英皇道 499 號北角工業大廈 20 樓

電話：2564 7511

傳真：2565 5539

電郵：info@wanlibk.com

網址：http://www.wanlibk.com

http://www.facebook.com/wanlibk

發行者

香港聯合書刊物流有限公司

香港荃灣德士古道 220-248 號荃灣工業中心 16 樓

電話：2150 2100

傳真：2407 3062

電郵：info@suplogistics.com.hk

承印者

美雅印刷製本有限公司

香港九龍觀塘榮業街 6 號海濱工業大廈 4 樓 A 室

規格

16 開 (240mm X 170mm)

出版日期

二Ｏ二五年三月第一次印刷

Published in Hong Kong, China by Forms Publications,

a division of Wan Li Book Company Limited.

ISBN 978-962-14-7592-3